见识城邦

更新知识地图　拓展认知边界

BIG HISTORY

万物大历史

世界将会怎样终结

[韩]姜方植 [韩]姜贤植 著 [韩]洪承宇 绘 崔海满 译

中信出版集团 | 北京

图书在版编目（CIP）数据

世界将会怎样终结 /（韩）姜方植，（韩）姜贤植著；（韩）洪承宇绘；崔海满译 . -- 北京：中信出版社，2023.1

（万物大历史）

ISBN 978-7-5217-4385-2

Ⅰ . ①世… Ⅱ . ①姜… ②姜… ③洪… ④崔… Ⅲ . ①文化史－世界－青少年读物 Ⅳ . ① K103-49

中国版本图书馆 CIP 数据核字（2022）第 077591 号

世界将会怎样终结

著者：［韩］姜方植　姜贤植

绘者：［韩］洪承宇

译者：崔海满

出版发行：中信出版集团股份有限公司

（北京市朝阳区惠新东街甲 4 号富盛大厦 2 座　邮编　100029）

承印者：天津丰富彩艺印刷有限公司

开本：880mm×1230mm　1/32　印张：6.75　字数：123 千字

版次：2023 年 1 月第 1 版　印次：2023 年 1 月第 1 次印刷

京权图字：01–2021–3959　书号：ISBN 978–7–5217–4385–2

定价：68.00 元

大历史是什么?

为了制作“探索地球报告书”，具有理性能力的来自织女星的生命体组成了地球勘探队。第一天开始议论纷纷。有的主张要了解宇宙大爆炸后，地球是从什么时候、怎样开始形成的；有的主张要了解地球的形成过程，就要追溯至太阳系的出现；有的主张恒星的诞生和元素的生成在先，所以先着手研究这个问题。

在探索过程中，勘探家对地球上存在的多样生命体的历史产生了兴趣。于是，为了弄清楚地球是在什么时候开始出现生命的，并说明生命体的多样性和复杂性，他们致力于研究进化机制的作用过程。在研究过程中，他们展开了关于“谁才是地球的代表”的争论。有人认为存在时间最长、个体数最多、最广为人知的“细菌”应为地球的代表；有人认为亲属关系最为复杂的白蚁才是；也有人认为拥有最强支配能力的智人才是地球的代表。最终在细菌与人类的角逐战中，人类以微弱的优势胜出。

现在需要写出人类成为地球代表的理由。地球勘探队决定要对人类怎样起源、怎样延续、未来将去往何处进行调查和研究，找出人类的成就以及影响人类的因素是什么，包括农耕、城市、帝国、全球网络、气候、人口增减、科学技术和工业革命等。那么，大家肯定会好奇：农耕文化是怎样促使人类的生活产生变化的？世界是怎样连接的？工业革命是怎样改变人类历史的？……

地球勘探队从三个方面制成勘探报告书，包括："从宇宙大爆炸到地球诞生"、"从生命的产生到人类的起源"和"人类文明"。其内容涉及天文学、物理学、化学、地质学、生物学、历史学、人类学和地理学等，把涉及的知识融会贯通，最终形成"探索地球报告书"。

好了，最后到了决定报告书标题的时间了。历尽千辛万苦后，勘探队将报告书取名为《万物大历史》。

外来生命体？地球勘探队？本书将从外来生命体的视角出发，重构"大历史"的过程。如果从外来生命体的视角来看地球，我们会好奇地球是怎样产生生命的，生命体的繁殖系统是怎样出现的，以及气候给人类粮食生产带来了哪些影响。我们不禁要问："6 500 万年前，如果陨石没有落在地球上，地球上的生命体如今会怎样进化？""如果宇宙大爆炸以其他细微的方式进行，宇宙会变成什么样子？"在寻找答案的过程中，大历史产生了。事实上，通过区分不同领域的各种信息，融合相关知识，并通过“大历史”，我们找到了我们想要回答的“宇宙大问题”。

大历史是所有事物的历史，但它并不探究所有事物。在大历史中，所有事物都身处始于137亿年前并一直持续到今天的时光轨道上，都经历了10个转折点。它们分别是137亿年前宇宙诞生、135亿年前恒星诞生和复杂化学元素生成、46亿年前太阳系和地球生成、38亿年前生命诞生、15亿年前性的起源、20万年前智人出现、1万年前农耕开始、500多年前全球网络出现、200多年前工业化开始。转折点对宇宙、地球、生命、人类以及文明的开始提出了有趣的问题。探究这些问题，我们将会与世界上最宏大的故事相遇，宇宙大历史就是宇宙大故事。

因此，大历史不仅仅是历史，也不属于历史学的某个领域。它通过开动人类的智慧去理解人类的过去和现在，它是应对未来的融合性思考方式的产物。想要综合地了解宇宙、生命和人类文明的历史，就必然涉及人文与自然，因此将此系列丛书简单地划分为文科和理科是毫无意义的。

但是，认为大历史是人文和科学杂乱拼凑而成的观点也是错误的。我们想描绘如此巨大的图画，是为了获得一种洞察力，以便贯穿宇宙从开始到现代社会的巨大历史。其洞察中的一部分发现正是在大历史的转折点处，常出现多样性、宽容开放、相互关联性以及信息积累的爆炸式增长。读者不仅能通过这一系列丛书，在各本书也能获得这些深刻见解。

阅读和学习“万物大历史”系列丛书会有什么不同呢？当然是会获得关于宇宙、生命和人类文明的新奇的知识。此系列丛书不是百科全书，但它包含了许多故事。当这些故事以经纬线把人文和科学编织在一起时，大历史就成了宇宙大故事，同时也为我们提供了一个观察世界、理解世界的框架。尽管想要形成与来自织女星的生命体相同的视角可能有点困难，但就像登上山顶俯瞰世界时所看到的巨大远景一样，站得高才能看得远。

但是，此系列丛书向往的最高水平的教育是“态度的转变”，因为通过大历史，我们最终想知道的是“我们将怎样生活”。改变生活态度比知识的积累、观念的获得更加困难。我们期待读者能够通过“万物大历史”系列丛书回顾和反省自己的生活态度。

大历史是备受世界关注的智力潮流。微软的创始人比尔·盖茨在几年前偶然接触到了大历史，并在学习人类史和宇宙史的过程中对其深深着迷，之后开始大力投资大历史的免费在线教育。实际上，他在自己成立的 BGC3（Bill Gates Catalyst 3）公司将大历史作为正式项目，之后还与大历史企划者之一赵智雄的地球史研究所签订了谅解备忘录。在以大卫·克里斯蒂安为首的大历史开拓者和比尔·盖茨等后来人的努力下，从 2012 年开始，美国和澳大利亚的 70 多所高中进行了大历史试点项目，韩国的一些初、高中也开始尝试大历史教学。比尔·盖茨还建议“青少年应尽早学习大历史”。

经过几年不懈努力写成的“万物大历史”系列丛书在这样的潮流中，成为全世界最早的大历史系列作品，因而很有意义。就像比尔·盖茨所说的那样，“如今的韩国摆脱了追随者的地位，迈入了引领国行列”，我们希望此系列丛书不仅在韩国，也能在全世界引领大历史教育。

李明贤　　赵智雄　　张大益

祝贺“万物大历史”系列丛书诞生

大历史是保持人类悠久历史，把握全宇宙历史脉络以及接近综合教育最理想的方式。特别是对于 21 世纪接受全球化教育的一代学生来讲，它显得尤为重要。

全世界范围内最早的大历史系列丛书能在韩国出版，并且如此简洁明了，这让我感到十分高兴。我期待韩国出版的“万物大历史”系列丛书能让世界其他国家的学生与韩国学生一起开心地学习。

“万物大历史”系列丛书由 20 本组成。2013 年 10 月，天文学者李明贤博士的《世界是如何开始的》、进化生物学者张大益教授的《生命进化为什么有性别之分》以及历史学者赵智雄教授的《世界是怎样被连接的》三本书首先出版，之后的书按顺序出版。在这三本书中，大家将认识到，此系列丛书探究的大历史的范围很广阔，内容也十分多样。我相信“万物大历史”系列丛书可以成为中学生学习大历史的入门读物。

大历史为理解过去提供了一种全新的方式。从 1989

年开始，我在澳大利亚悉尼的麦考瑞大学教授大历史课程。目前，在英语国家，大约有 50 所大学开设了大历史课程。此外，在微软创始人比尔·盖茨的热情资助下，大历史研究项目团体得以成立，为全世界的青少年提供免费的线上教材。

如今，大历史在韩国备受关注。2009 年，随着赵智雄教授地球史研究所的成立，我也开始在韩国教授大历史课程。几年来，为促进大历史在韩国的传播，我们付出了许多心血，梨花女子大学讲授大历史的金书雄博士也翻译了一系列相关书籍。通过各种努力，韩国人对大历史的认识取得了飞跃式发展。

“万物大历史”系列丛书的出版将成为韩国中学以及大学里学习研究大历史体系的第一步。我坚信韩国会成为大历史研究新的中心。在此特别感谢地球史研究所的赵智雄教授和金书雄博士，感谢为促进大历史在韩国的发展起先驱作用的李明贤教授和张大益教授。最后，还要感谢“万物大历史”系列丛书的作者、设计师、编辑和出版社。

2013 年 10 月

大历史创始人　大卫·克里斯蒂安

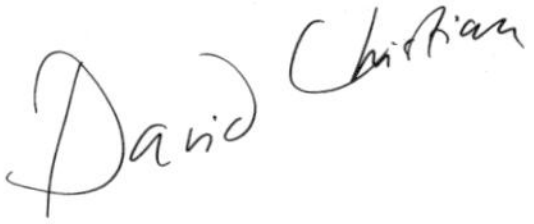

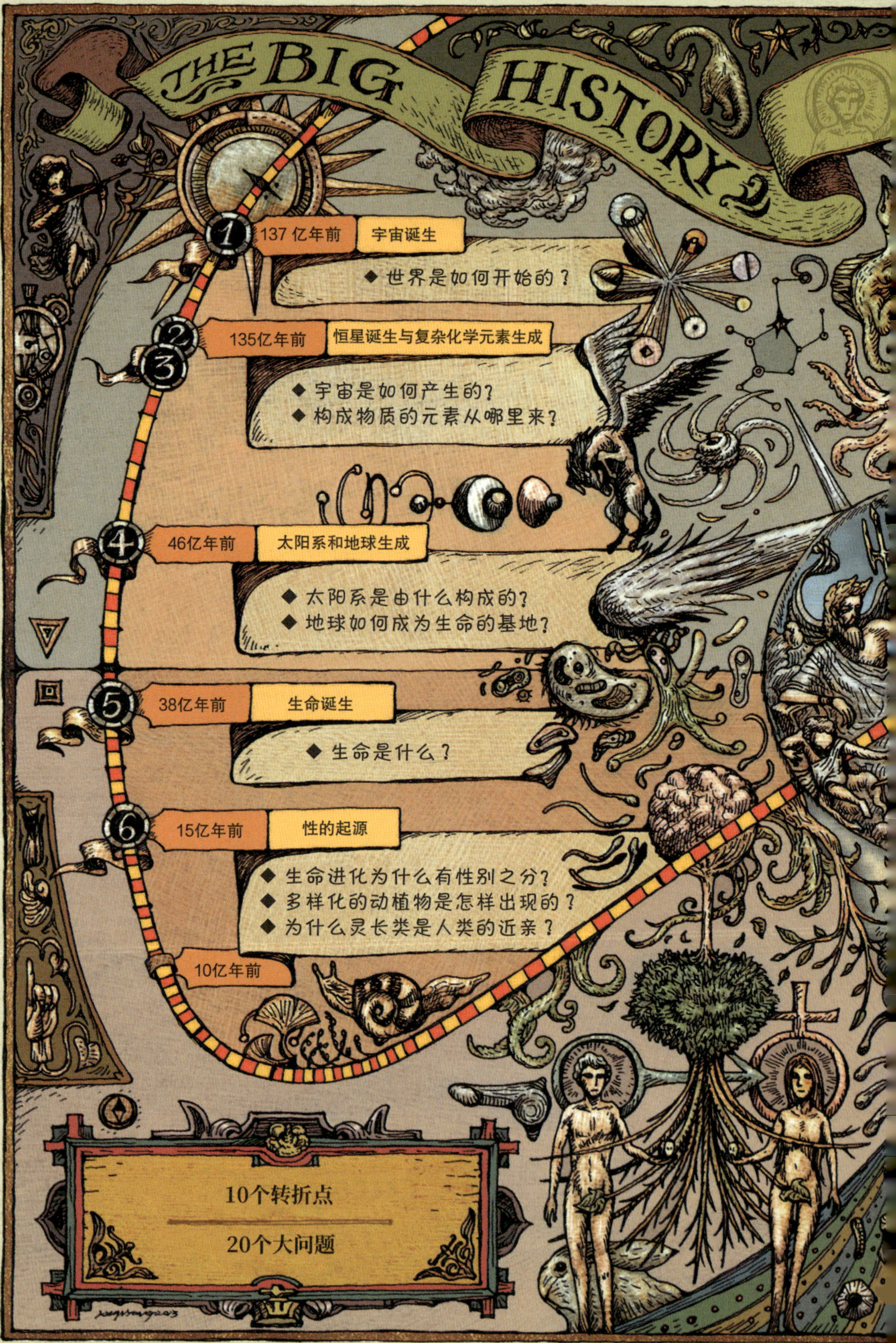
THE BIG HISTORY
1
137 亿年前
宇宙诞生
◆ 世界是如何开始的？
2
3
135亿年前
恒星诞生与复杂化学元素生成
◆ 宇宙是如何产生的？
◆ 构成物质的元素从哪里来？
4
46亿年前
太阳系和地球生成
◆ 太阳系是由什么构成的？
◆ 地球如何成为生命的基地？
5
38亿年前
生命诞生
◆ 生命是什么？
6
15亿年前
性的起源
◆ 生命进化为什么有性别之分？
◆ 多样化的动植物是怎样出现的？
◆ 为什么灵长类是人类的近亲？
10亿年前
10个转折点
20个大问题

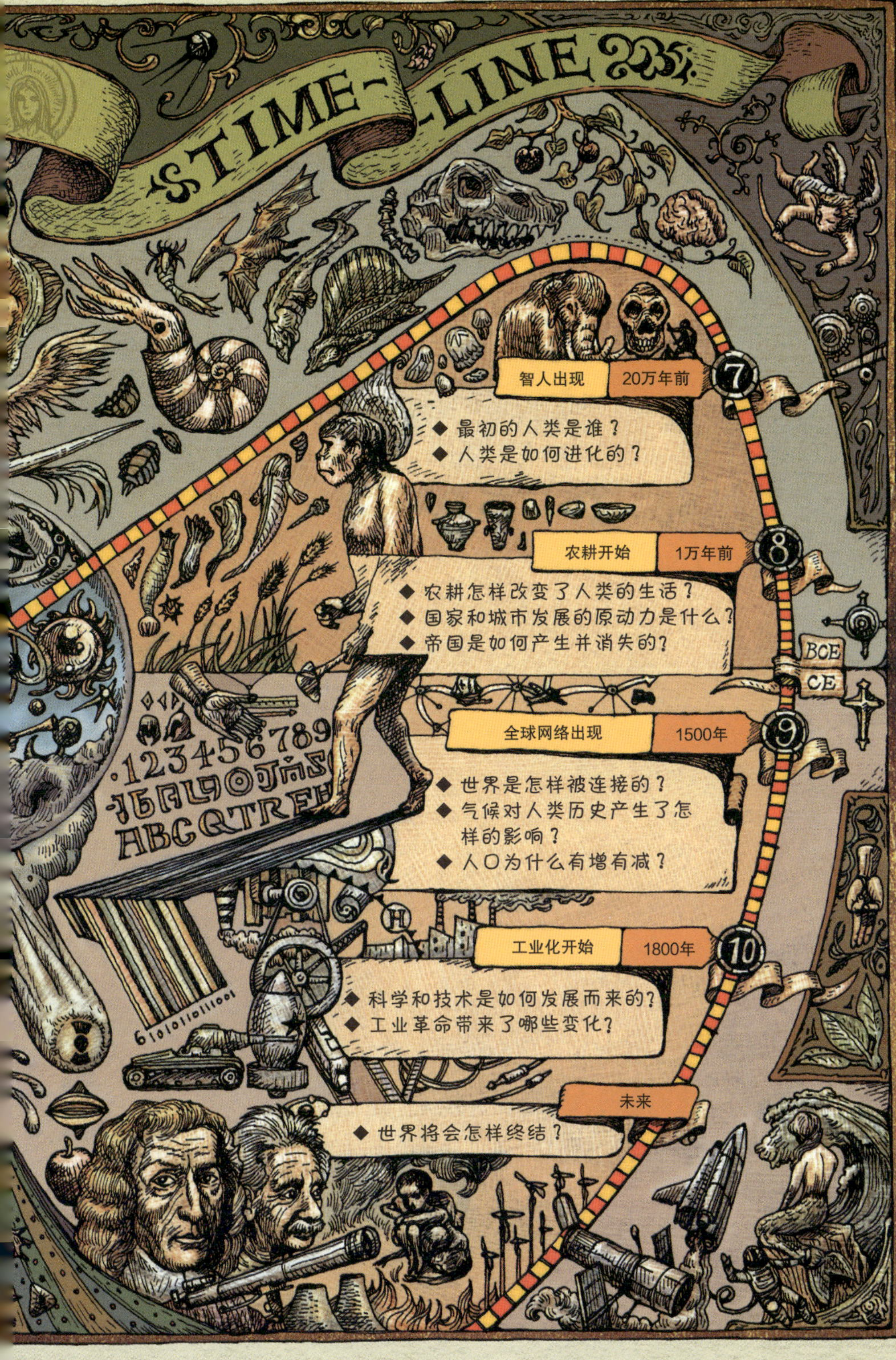
TIME-LINE
智人出现
20万年前
7
◆ 最初的人类是谁？
◆ 人类是如何进化的？
农耕开始
1万年前
8
◆ 农耕怎样改变了人类的生活？
◆ 国家和城市发展的原动力是什么？
◆ 帝国是如何产生并消失的？
BCE
CE
全球网络出现
1500年
9
◆ 世界是怎样被连接的？
◆ 气候对人类历史产生了怎样的影响？
◆ 人口为什么有增有减？
工业化开始
1800年
10
◆ 科学和技术是如何发展而来的？
◆ 工业革命带来了哪些变化？
未来
◆ 世界将会怎样终结？

目录

引言　如果可以预知未来　*1*

1

开启未来！

我们为什么会对未来充满好奇？　*8*

如何预测未来呢？　*20*

畅想未来　*37*

2

能源与人类未来

能源急速消耗的人类世　*45*

新能源和可再生能源的时代真的会到来吗？　*65*

新交流和社会发展　*76*

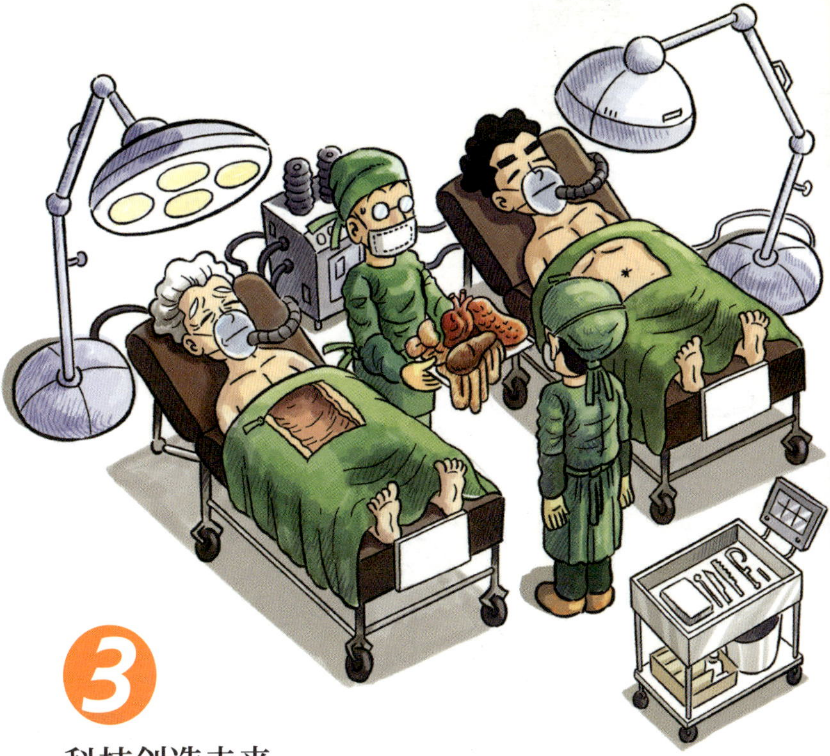

3

科技创造未来

生命科技的双重面孔　*86*

人类 vs 人工智能　*95*

物联网时代　*102*

人类渐渐变成机器，机器渐渐变成人类　*108*

4

威胁地球生命的因素

以自然之名，以文明之名　*119*

猝不及防——闯入地球的外部危险　*143*

5

地球和太阳的结局

地球毁灭的方式　157

太阳的命运　161

火红的太阳吞噬地球　165

太阳的后裔　169

6

银河系的末日和宇宙的命运

银河系和仙女星系的碰撞　172

宇宙的尽头　181

在另一个宇宙之中　190

从大历史的观点看“人类的未来和宇宙的结局”　195

引言

如果可以预知未来

成语“杞人忧天”讲的是古时候有一个杞国人整天担心天会塌下来，吃不下饭，睡不着觉。这个成语一般用来劝人不要对不太可能发生的事情过度担心。但是天塌地陷这样的事真的不会发生吗？

其实在地球长达46亿年的历史中，天塌地陷并不稀奇。小行星或彗星光顾地球，落下的陨石会让撞击地区完全变成一片焦土。在动植物出现之前，陨石如同骤雨一般砸到地上，和天塌下来没什么两样。而火山爆发或地震时，地面会开裂、凹陷。环太平洋火山带上的日本和智利等地区现在也常年有火山喷发，地震不断。

我们生活在现代世界，关心地球环境和宇宙会发生什么。卫生与环境研究人员、家长和学生们担心雾霾浓度太大，青少年们在观看了人工智能机器人阿尔法围棋（AlphaGo）和职业棋手的围棋对决后，担心10年后自己找不到工作。环境领域的非政府组织分析化石燃料枯竭和温室气体对地球环境造成的影响，试图与世界顶级政治家、著名学者共同讨论解决方案。

运动员们在结束奥运会100米短跑决赛后，不能直接走出赛场，而是要先接受检查，看是否服用过奥委会所规定的违禁药物。如果服用类固醇或其他药物，选手的肌肉会变得强健，红细胞生成加快，可以取得更好的成绩。兴奋剂测试是为了更好地维护奥运会的公平竞赛精神。

但转念一想，难道只要禁止服用违禁药物就足够公平吗？发达国家的选手从小吃营养丰富的肉类和蔬菜长大，而贫困国家的选手别说是一日三餐，有时候连口干净的水都喝不上。即便如此，他们仍希望通过运动摆脱贫困，光着脚努力训练。

在埃塞俄比亚的首都亚的斯亚贝巴，凌晨可以看到很多年轻人在散发着浓重汽油味的公路两侧练习跑步。埃塞俄比亚长跑运动员阿比比·比基拉在奥运会马拉松比赛中连续两届夺冠之后，跑马拉松在埃塞俄比亚变成了摆脱贫穷的捷径。考虑到这些因素，新引入的兴奋剂测试，严禁奥运会的参赛选手摄取规定以外的营养成分，也在一定程度上体现了奥林匹克的公平公正。

从另一个角度看，每天吃一粒类固醇未来也会是严重的违规行为吗？以后借助合成生物学和基因工程技术，插入有利于跑步的肌肉和肺活量基因，可以创造出跑步超人。届时，奥运会将成为比拼生物技术发展程度的竞技场，不久之后，奔跑肌肉发达无比的机器人可能也将参加比赛。

从整个宇宙来看，人类才刚出生不久，面对巨大的环境变化无能为力，对未来惶恐不安。不知是不幸还是万幸，人类预测未来的方法正在不断进步。本书主要通过描述对未来的几种预测，回顾人类之前是如何预测未来的，并预测以后各个领域将会发生什么意料之外的事情。

20 世纪 80 年代，欧洲流行跳伞。人们非常享受极限运动带来的刺激和降落时放飞自我的自由感觉。有一次，一个有着几百次跳伞经验的跳伞教练和两名学员一同坐上了飞机。到了能够触摸到云朵的高空，三个人奋力跳了下去。教练用相机拍下了他们的样子。在晴朗的天空下，他们像翱翔的雄鹰。到达一定高度后，学员们按照教练教的方法打开了各自的降落伞。教练也放下相机，试图打开降落伞。霎时间，从小到大的经历在他的脑海中一一掠过，他的身体变得像石头一样坚硬，无法抵抗重力的加速度，坠向地面。他背上只有相机，并没有降落伞，他以为自己和往常一样背上了降落伞，却犯下了无法挽回的致命错误。

你能想象那一瞬间吗？

想打开降落伞，伸出手来却……

……什么都摸不到。

上方，两个降落伞正在缓缓下落，直升机已渐行渐远；脚下的地面正以每小时 200 千米的速度向自己冲来。他可能会想：

“如果可以，如果时间可以回到跳下来之前……”

这是一件真人真事。问题在于，这种事并不只发生在特定的某个人身上，人类未来也会经历类似的事情。在所有领域，未来的人类都将会如履薄冰。现在，没有人会觉得超级人工智能不会被创造出来，争论的焦点只是被创造出来的时间早晚而已。纳米技术和生物技术领域也是如此。科学技术日新月异，竞争的概念也有了根本性改变。如果没有做好应对未来的准备，会出现许多追悔莫及的情况。

即使地球人现在全面停止使用化石燃料，变暖的地球也不可能变回以前的状态。那个杞国人的担忧也许再也不该被嘲笑。我们需要三思而后行。毛毛细雨也能打湿衣服，甘愿淋雨的话，终有一天我们的衣服将会湿透，到时再后悔没打伞毫无意义。下毛毛细雨时，我们也可以打伞，可是总嫌打伞麻烦，或是觉得这点儿小雨淋不湿衣服，不太在意，但这却有可能招致更大的麻烦，或遭遇更大的挫折。

自美国发生“9·11”恐怖袭击事件之后，恐怖袭击成为威胁世界安全的因素之一。世界上任何一个地方都有可能发生恐怖袭击事件，而人们变成恐怖分子的原因却很复杂。贾雷德·戴蒙德在《为什么有的国家富裕，有的国家贫穷》中表示：“贫困国家的人民生活困难，不得不抛弃自己热爱的祖国，移民到富裕国家。”不仅是国与国之间，国家内部的贫富差距也越来越大。人们为了过上更好的生活，搬到其他地方，但在新的土地上，生存之道依旧渺茫，在失去所有的希望之后，人们由绝望变成愤怒，于是一些人便成为恐怖分子或支持恐怖活动。贾雷德·戴蒙德呼吁：“如果想消灭恐怖袭击，需要给贫穷国家的人民创造合适的生存环境。”以前我们怀着助人为乐的心态援助他们，但现在我们或许需要为了自己的安全去帮助他们。

现在的行动决定了我们的未来。预测未来也是为了更好地了解我们现在应该如何思考，做出何种选择，以及采取何种行动。

从大历史的角度看，未来并不只是人类的未来。正如过去培养一个孩子要举全村之力，人类或地球上的生命得以延续，应该看作一种超越地球的宇宙现象。因此，我们在探索地球和宇宙的未来时要摆脱人类观点的局限性。

随时喷发的火山、可以把一座延续数千年的城市夷为平地的地震、毫无征兆地撞向地球的陨石，都可以把人类或整个生态系统瞬间变成灰烬。在这种情况下，我们存活的概率和兔子、熊差不多。大自然不断地提醒我们：人类只不过是大自然的一部分而已。

如果把目光转向宇宙的历史，我们的存在就显得更加渺小模糊。46 亿年前太阳形成之后，它就不停地燃烧，使太阳系唯一的生命摇篮——地球的生命系统得以维系。但看似永无止境的宇宙终有结束的一天。太阳消耗自己的生命，散发出光芒，仙女星系和银河系的碰撞也不可避免。宇宙在大爆炸之后不断扩张，它会在尚未确认的暗物质和暗能量的作用下逐渐冷却，还是慢慢膨胀，最终解体，再次回到一个点，仍是一个未解之谜。但我们知道所有的故事终有结局。

这一始于 137 亿年前大爆炸的故事的结局和我们预想的或许相同，或许不同，但现在要探讨的这个话题将会影响到我们今后的无数次选择。就像听过有人因没系好降落伞而失去生命的故事之后，人们从飞机上往下跳前都会再确认一遍是否系好了降落伞。

1

开启未来！

对于智人来说，拥有想象和预测未来的“认知能力”，是人类踏上文明之路的第一步，也是一个决定性因素。在不了解支配自然现象的物理、化学法则的时期，人们是如何预测未来的呢？对自然的认识扩展之后，人类预测未来的方法又发生了哪些变化呢？我们的祖先住在没有暖气和先进保暖材料的窝棚里，挺过了末次冰期存活下来。他们强大的适应能力在感知变化和预测未来上也散发出耀眼的光芒。

在智人历史上，我们第一次担心人类是否正在走向自我毁灭。因此，审视过去可以让我们借助积累的智慧，找出克服危机的方法。

我们为什么会对未来充满好奇?

故事 1 “2055 年 6 月 25 日，某岛屿”

韩国政府把一座岛屿建成了“魔幻岛”。魔幻岛分为1区和2区，两个区域由水中电梯连接，24小时受韩国国防部的特殊机器人军团守护。

人们一开始生活在1区，被选中的人才能搬到被称为“人间天堂”的2区。1区的人每天必须早上6点起床，晚上10点睡觉。通过泛网系统，管理员可以管理每个人的食谱、运动、兴趣爱好，体内的纳米机器人24小时检查身体状态。

泛网
随时随地可以自由接入互联网的信息通信环境。

只有通过严格审查的人才能进入2区。不能有任何疾病，智商要在140以上，还要证明自己很单纯，不会质疑世界，也没有好奇心。3年前来到1区的白奇书终于要在2055年6月25日进入2区。前一天晚上，他想到即将进入朝思暮想的2区，激动得彻夜难眠。1区的朋友们个个羡慕不已，向他挥手道别。之前规律的生活宛如一幅幅画卷从白奇书的脑海里掠过。

率先到达2区的金奇书正在休息。他是一位企业家，年轻的时候靠做网络体验生意赚了大钱。他从10年前开

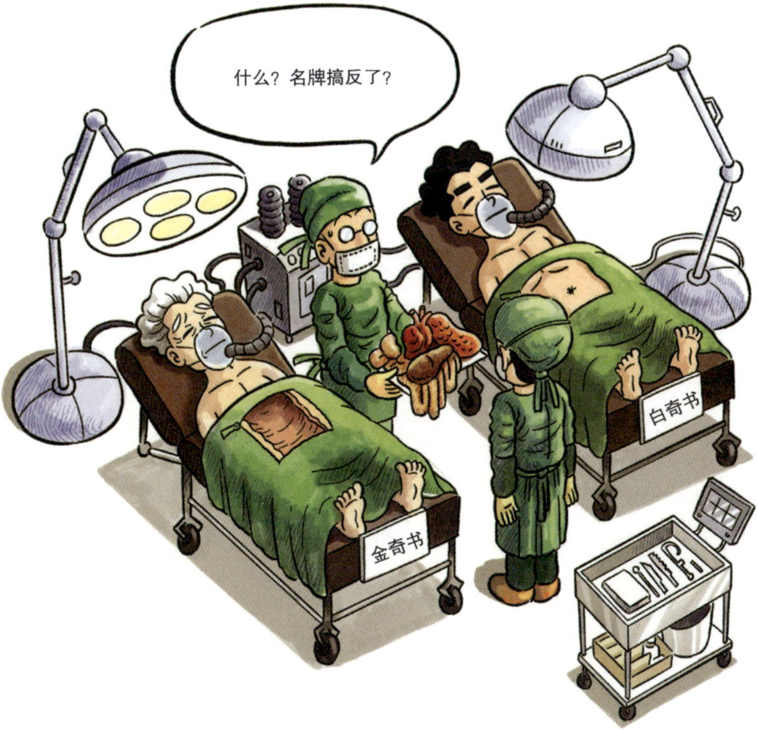

始投保“魔幻公司保险”，每月支付 2 亿韩元的保费，以便在需要时获取器官。用他的体细胞克隆出来的白奇书和千奇书在 1 区受到了良好管理。金奇书不久前因体内纳米机器人操作失误，肝脏和肺部受了很大损伤，今天来做移植手术，他的体内将换上第一个克隆体白奇书健康的器官。很快，金奇书和白奇书并排躺在了手术台上，金奇书将恢复健康，而且他还有一次重生的机会。医疗团队事先给他注射了麻醉药，以免他看到白奇书时会产生一点儿负罪感。

故事 2 “2097 年 1 月 1 日，儿童大公园”

人工智能机器人朱能强决定在新年到来之际出来晒晒太阳。虽然可以在房间充电获取能量，但直接从太阳光中获取能量的感觉也不错。朱能强决定与小区的朋友库迪戈一起去儿童大公园。库迪戈带上了她的人工智能宠物狗摇摇。

朱能强和库迪戈慢慢地向黑猩猩居住的“类人猿馆”走去。远处传来了一阵欢呼声，有个人工智能机器人观众往黑猩猩的围墙里扔了一根香蕉，黑猩猩熟练地用手接住吃了起来。不一会儿，今年建成的“人类馆”首次开馆了。在安装了尖端设备的展厅里，一对男女智人在不同的居住环境中穿着不同服饰再现从前的生活面貌。许多淘气的人工智能机器人往英国智人身上扔香蕉，但人不是黑猩猩，接不住香蕉，香蕉一下子落到了地上，机器人爆发出了一阵奚落声。“这个物种可能怕羞，脸都变红了。”朱能强说。

“不过，笼子里的智人生活得还不错。其他智人为了长寿都安装了人造器官，在体内植入纳米机器人，但这些人却没有。他们身上没有任何机器，保留了纯粹的人类形态，才得以在公园受到保护。很多安装了纳米机器人的智人有的沦为低收入劳动者，有的没有工作，沦落为贫民，四处漂泊，最后进入隔离区。这些智人在笼子里不仅保留

了人类的生活状态，还领着工资呢。”

“是啊，世事难料。”

故事 3 “4021212121 年 9 月 13 日，地球轨道”

时钟从地球上消失很久了。人类文明早已销声匿迹，新出现的生命也结束了自己的历史。地壳如同一锅煮沸的汤，太阳膨胀成一颗红巨星，宛如希腊神话中不断吞食瑞亚孩子的克洛诺斯，似乎要把地球一口吞下。

这时，一道光穿过烈日下的热气，那是一种外星生物，循着地球数十亿年前释放的电波而来。他们和地球人想象的完全不同，没有物质的形态，只是一种思维方式，外形和光类似。他们追踪的电波中呈现着蔚蓝星球过去的一幕幕场景。

度假的人们在沙滩上悠闲漫步；20 世纪末全球变暖加速，地球的环境不再适宜人类生存：在不断恶化的条件下，有钱人和富裕国家依靠科学技术的力量延续着富足的生活；随着北极和南极的冰层融化，图瓦卢、汤加、瓦努阿图等南太平洋岛国被海水淹没；欧洲爆发了洪水；美洲大陆被暴雪覆盖。

人类世过了 10 万年后，整个地球越来越热，海水蒸发得无影无踪，里海和俄罗斯伊尔库茨克的贝加尔湖也干涸了。地球表面的 95% 以上成了沙漠，致命的风沙席卷而来，人们躲进安全之处，地面上只有不惧风沙的人工智能机器人来回穿梭，沙漠里出现了一座没有人类的机器之城。借助行星间的移动技术，人类开始移居到“第二个地球”上。太阳越来越大，最后一批人类也离开了地球。

在这三个虚构的故事中，第一个和第二个故事中的未来是由人类自己制造的。第一个故事的灵感来自描述基因技术创造未来的电影《逃出克隆岛》。第二个故事源于人工智能专家和未来学家的预测。如果我们对研发中的科学技术失去控制，这两个故事里的事情是完全有可能发生的。为了治疗疾病，可以利用干细胞克隆人体器官以备不时之需。那以医学目的被复制的克隆人有没有人权呢？

视力不佳，听力不好，不能走路的人已经开始使用辅助装置了，这些改善人类部分功能的装置可以被允许用到什么程度呢？如果出现了可以为痴呆患者增强脑功能和记忆力的装置，正常人是否也可以使用呢？那又该如何区分除脑外都是机器的半机器人和移植了人类记忆的人工智能机器人呢？

科学技术的发展速度远比人类进化的速度快。人类创造的科学技术威力巨大，我们不免担心人类搬起石头砸了自己的脚。30 年前，我们根本想象不到智能手机会给世界带来如此巨大的变化。1981 年，比尔·盖茨还认为没有人会使用超过 640 千字节的存储器呢。

第三个故事描述的是地球的终结和太阳的灭亡。如果说前面两种情况只是有可能会出现，那么第三种情况必然会发生。哪怕发射成千上万枚核导弹，也无法阻止太阳的死亡。太阳反复收缩和膨胀，最终会分裂成好几块，只剩下中心密度极高的白色核心。太阳会灭亡，宇宙也将迎来终结。一部分人在解释宇宙终结时认为，根据熵增原理，宇宙把能量消耗尽之后，可以达到一个热平衡状态（虽然有大撕裂或大挤压等宇宙灭亡假说，也存在“脉动宇宙论”“多重宇宙”等宇宙不会终结的假说，但至今还没出现像大爆炸这样，可以通过观测得以证明，受到多数人支持的其他假说）。

荷兰画家彼得·勃鲁盖尔绘制过一幅名为《有伊卡洛斯坠落的风景》的画。在希腊神话中，伊卡洛斯由于飞得太高，粘翅膀的蜜蜡被太阳熔化，从天上坠落下来。放到整个宇宙来看，人类就像画中的伊卡洛斯。即便伊卡洛斯落水，耕地的农夫、山冈上的牧羊人和附近的垂钓者也毫不在意。正如伊卡洛斯的坠落对世界没有造成任何影响一样，人类在宇宙中也十分渺小，但我们为什么会对宇宙的终结充满好奇呢？

这与我们想通过大历史洞察人类历史可谓一脉相通。对大部分人来说，未来只限于人类文明存续的时期，但如果把视野扩大到地球的毁灭、太阳的灭亡、宇宙的最后时刻，就可以摆脱人类中心主义，看到一幅巨大的画卷。不管 70 亿地球人愿不愿意，小行星都会撞向地球，地球也终将灭亡，而这些都决定着人类的未来。这一事实让我们反省：人类在宇宙中到底是一种什么样的存在呢？这也是一段时间以来，人类运用所有的知识，结合宇宙、生命、人类文明的历史，在回顾过去和理解现在的过程中不断遭遇的问题。在浩瀚的宇宙中，米粒般大小的人类真正想得到什么呢？我们掀起的人造巨浪又要把我们带向何处呢？如果不能破浪前行，我们又该如何生活呢？

宇宙和所有一切的历史都源于“之前”不存在的“无”中发生的事件，该事件中生成的粒子和光子构成了

《有伊卡洛斯坠落的风景》

彼得·勃鲁盖尔的作品。在希腊神话中，伊卡洛斯插上了父亲代达罗斯为其制作的翅膀飞向天空，但飞得离太阳太近，从空中坠落下来。这则有关伊卡洛斯的神话故事经常用来隐喻人类终会因欲望毁灭自己。勃鲁盖尔在自己的作品《有伊卡洛斯坠落的风景》里完美地刻画出其他人对伊卡洛斯死亡的漠视

恒星和星系，成为生命的种子。有机物发展成微生物，在寒武纪生命大爆发中进化成各种生命体，生命之树开枝散叶，出现了巨大的爬行动物、灵长类和智人等。生命之树在适者生存的自然选择和性选择这种简单无情的原则下，又长出许多新的枝干，我们就在智人这条枝干上。

但人类刚出现20万年就利用知识能力和科学技术，成为地球生物中唯一一种登上月球的物种（偶然被携带上去的细菌除外），向太阳系外发射了探测器。我们创造出了以前从来没有过的进化过程，甚至可以像神一样创造新的生命。我们可以通过基因工程技术，克隆、合成动植物或人类的遗传基因，创造出自然界中没有的生命。还可以制作出把有机物和无机物融为一体的机器人，并通过无机生命工程技术，制造出无机生命体。人类凭借创造力和科学技术的飞速发展，已经拥有了既可以创造生命，又可以毁灭生命的巨大威力。部分学者甚至担心人类会自取灭亡，引发第六次物种大灭绝。这是因为随着人类对整个地球的影响力迅速扩大，其他生命正在加速灭亡。

韩国人和日本人饿了喜欢煮方便面吃。方便面多用棕榈油炸制而成，人们为了获取棕榈油，焚烧印度尼西亚和马来西亚的热带雨林，种植棕榈树。在此过程中，生活在热带雨林中的猩猩有的失去了栖息地，有的还被火烧死。世界三大环境保护组织之一国际地球之友和全世界的猩猩保护组织在紧急报告中宣称：如果不加干预，热带雨林里的猩猩将在10年内灭绝。随着食用方便、口感好的方便面销量增加，生活在印度尼西亚和马来西亚的猩猩陷入了生存危机，这就是一碗方便面产生的蝴蝶效应。

蝴蝶效应

气象学家洛伦茨认为早期大气状态的微小差异会引发天气变化，后指小事件会引发整个社会的连锁反应，招致无法预料的后果。

在长达38亿年的生命史中，曾出现过五次大灭绝，每次都会造成陆地和海洋中繁盛一时的生物灭绝，其地位被此前名不见经传的物种取代。如果恐龙没有灭绝，人类的祖先可能不会直立行走。6 500万年前，来自太空的陨石突然造访地球，改变了地球的生态系统。在这场巨变中，有利于生存的变异加速了进化，生命经过不断的进化，最终分化出丰富多彩的物种。我们身上拥有数百万年前从树上下来用双足行走的猿类的遗传基因。我父亲的父亲、我爷爷的父母的DNA（脱氧核糖核酸）经由我，传给我的儿女，以及他们的儿女。正如150多年前查尔斯·达尔文所说的那样，智人的族谱在无法适应变幻莫测的环境时就会停止更新。

在遥远的未来，地球的命运会被太阳变化以及仙女星系和银河系碰撞等宇宙变化左右，人类无力改变。在不久的将来，我们将面对科学技术发展带来的环境变化，但是我们很难预测科学技术破坏了自然秩序之后会发生什么。遗传基因被操纵的动植物会如何进化，被制造出来的新微生物将会传播哪些疾病，气候变化造成的干旱、洪水等异

被破坏的雨林和面临生存危机的猩猩

人们为了获取棕榈油，正在破坏印度尼西亚和马来西亚的雨林。随着雨林的毁灭，栖息在此的猩猩逐渐消失。棕榈油不仅可以用来炸制食物，还可以用来生产各种点心、化妆品等

常天气会招致何种灾难，人类能否掌控人工智能，这些都无法预知。30年后世界人口会增至90亿，还是减至50亿，对此也是众说纷纭。我们惧怕未来，因为我们无法预知其中隐藏着哪些危机。

为了生存下去，将危机转化为机遇，我们应该思考一下从现在开始要如何生活。不想迷路，就需要登上山顶远眺。人类运用知识可以推理出各种可能性和各种状况，从中找出应对的方法，并通过模拟实验来验证人类行为带来

的结果。虽然可能无法找出正确答案，但人类从多个角度预测未来，发挥创造性和适应能力，或许可以在无数次的危机中找到真正的出路。

如何预测未来呢?

在希腊神话中，阿波罗把传达神谕的权利赋予了女祭司皮提亚。德尔斐的阿波罗神殿是希腊神谕最为灵验的地方，皮提亚在神殿里低声吟出的一句句话语书写出了希腊的历史。在基督教出现之前的一千年间，希腊主要按照神谕决定政治、战争等国家大事。那阿波罗真的存在吗？他真的把神谕传给了皮提亚吗？

阿波罗的神谕是否真实并不重要，重要的是大家会认真倾听皮提亚所说的每一句话，并信以为真。在农耕时代，人们聚居在一个社会群体中，使用语言传递信息，形成纽带。人们学习生存所需的知识，并传授给下一代，从而带来了生活上的诸多变化。

统治阶层出现之后，需要建立制度和统治秩序来维持社会结构，控制日益增多的社会成员。为了进行有效的管理，需要制定法律；而为了让大多数人遵守秩序，就需要创造出一些具有信服力的神话。在维持集体生活和社会秩序方面，遗传基因的作用微不足道。相反，神话由于人人

皮提亚在神殿里传达神谕

皮提亚坐在神殿的青铜三角凳上，传达阿波罗的神谕

相信，可以建立起秩序，让人们更加容易接受变化，进行大规模合作。哪怕是未曾谋面的陌生人，也会因为相信同样的神话而互生好感。

在狩猎-采集社会，人们每天付出的劳动都可以获得相应的收获。但在农耕社会，在合适的时间努力耕种，才有可能收获大量的粮食。如果日照不足，遭遇干旱或台风侵袭，可能会颗粒无收。大自然是无情的，并不会因为人类的辛苦劳作，就减少农田的损失。自然环境变幻莫测。

人类历经数百万年的进化，到农耕时期，认识到农耕生活需要信仰。过去希腊为了克服各种不确定性因素，需要“神”的声音，很多人会相信和服从传“神谕”的人的话，统治阶层从而可以借助神话统治社会。

数千年来，天文学和地质学知识一直是统治者的专属。人们没有时间和日期的概念，只能服从和顺应掌握了自然周期变化的统治阶层，也必须遵循统治阶层要求人们遵守的规则和习惯。统治阶层为了不让民众发现自己的权力是虚构的，有意强调那些没有因果关系的事情之间存在着必然联系，并对民众进行洗脑，对不服从的人予以严惩。因此接收阿波罗神谕的皮提亚要像神殿里的神一样庄严神秘，这样才会让人们相信神话并非虚构。

现代社会形成了一个结构复杂的巨大网络。在这个知识和信息泛滥的社会，科学技术是最值得信任的神话。如今的气象主播就是皮提亚，而科学家们则是告知明天天气情况的阿波罗。气象学家在超级计算机的帮助下，可以预测出一天、一周，甚至一个月后的天气情况。人们可以通过收听天气预报来了解天气情况。而像这种由知识和科学演绎的神话并不是最近才出现的。

欧洲的许多国家都曾相信以天文知识为基础的占星

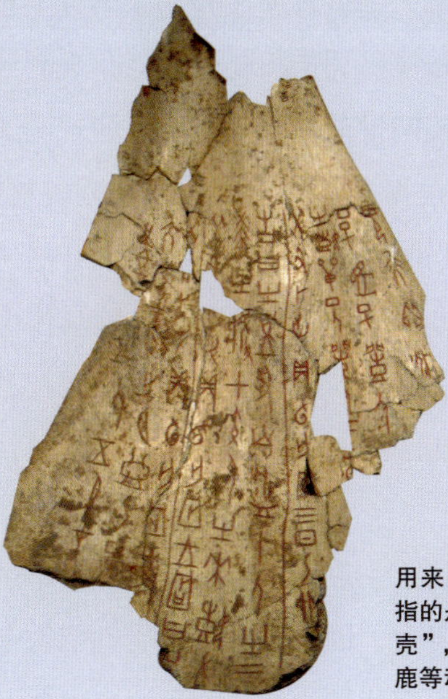

用来占卜的甲骨中的“甲”指的是龟背部或腹部的“甲壳”，“骨”指的是牛、马、鹿等动物的骨头

用甲骨预测未来

古代东方有一套预测未来的系统。19 世纪末，研究古文字的中国学者王懿荣在抓药时发现药材龙骨上刻有一些奇怪的图案，便开始研究。这些刻在龟甲或兽骨上的文字记载了一些占卜结果。古代中原人在和其他部落发生战争时或生病时，想知道农耕的收成如何、生男还是生女时，就会通过占卜来预测未来。祭祀时，按照占卜的内容，用烧热的工具在龟背部、腹部的壳上或动物的肩胛骨上打些小孔，占卜师根据龟甲、兽骨开裂的形状和颜色进行解读，然后把结果记录在龟甲或兽骨上。这些字被称为“甲骨文”。“征兆”的“兆”字，就是模仿甲骨受热后裂缝的样子造字的，含有占卜之意。甲骨文既是已知最早的汉字，也是古代中国人预测未来的证据。

术。神圣罗马帝国皇帝鲁道夫二世曾雇用科学家第谷·布拉赫和开普勒预测未来。布拉赫凭借出色的视力，观测到了超新星和彗星，是望远镜问世前世界上最优秀的观测天文学家。他的弟子开普勒根据老师留下的众多观测资料，发现了行星的运行规律。当时布拉赫和开普勒得以开展研究还是沾了占星术的光。1595 年，第谷·布拉赫制作出了占星术日历，预测天气会变冷，奥斯曼帝国将入侵神圣罗马帝国，还会发生农民起义。这些预测一一应验之后，他的日历很快被抢购一空。

直到 17 世纪，科学才超越炼金术和占星术，依靠逻辑和证据登上预测未来的舞台。因主张日心说受到宗教审判的伽利略和发现万有引力定律的牛顿，为预测未来奠定了科学基础。英国诗人蒲柏赞颂道：

> 自然和自然法则隐藏在黑暗之中。上帝说，让牛顿降生吧！所有的一切都变得清晰起来。

借助牛顿的发现，我们可以用一个规则来解释从手中的苹果到夜空中闪烁的银河彼岸的所有事物。只要代入数字，我们就可以预测出未来的地球将会走向何处，我们所在的银河系将变成什么模样。

牛顿之墓

牛顿、莎士比亚、亨德尔、丘吉尔等影响英国社会文化的人物一起安葬在英国威斯敏斯特教堂里。得益于牛顿的贡献，预测未来的技术有了进一步的发展

秒针、分针、时针的齿轮精确地转动着，人们得以知道准确的时间。如果能预测时间的流逝，就可以管理时间。弗朗西斯·培根曾说："知识就是力量。"他自信地认为，宇宙就像时钟一样运行得很有规律，因此可以运用科学法则征服自然。数学家拉普拉斯表示："如果知道宇宙中所有粒子现在的状态和对粒子的作用力，理论上可以预测这些粒子的未来。"拉普拉斯认为科学家们可以完美地预测未来，其著作曾风靡了一个世纪。在他看来，世界

的未来并不取决于命运或神的意志，而是物理法则作用的结果。

太阳从东方升起，从西边落下。不仅今天、昨天如此，100 年前也是如此，因此我们可以预测出明天太阳运动的轨迹还会如此。19 世纪 80 年代，瑞典和挪威的国王奥斯卡二世举办了一个有趣的活动：如果谁可以证明太阳永远都是东升西落，就可以获得一定的奖励。最终数学家庞加莱获得了这个奖励，他证明了行星在不同的初始条件下，既可以停留在恒星系，也可以被抛出去。

但该研究结果却意外地引起了轩然大波。因为这无疑否定了科学家们确信能够利用物理法则准确预测未来的说法。海森伯曾用爱因斯坦的相对论和万有引力定律解释宇宙进化的过程，而这时他的理论城堡也出现了裂缝。海森伯越是想知道更加准确的位置，动量测定的误差越大；越是想准确地测定动量，其位置测定的误差就越大。不确定性原理一经证实，拉普拉斯就被遗忘在历史长河之中。这无异于科学本身证明了自己预测的不确定性。那就没有什么展望未来的方法吗？

未来学家关注那些改变社会的因素之间存在的联系。他们灵活运用各自的思维方式，了解世界，预测未来，提出了相应的对策。未来学家正在想象人类手中的"双刃剑"——科学技术将如何改变世界，在变幻莫测的世界里，人类的未来是否乐观。大历史也是一种预测未来的思维方式，现在我们即将展开这一宏大的未来画卷。在此之前，让我们先了解一下大历史预测未来的方法。

通过周期性变化解读未来

希腊哲学家柏拉图认为，宇宙并不是一片混沌，而是有着反复运行的周期。虽然这是一种在地心说支配下的宇宙观，但人们通过观测天体，查明了宇宙周期，尤其是行

六分仪和望远镜

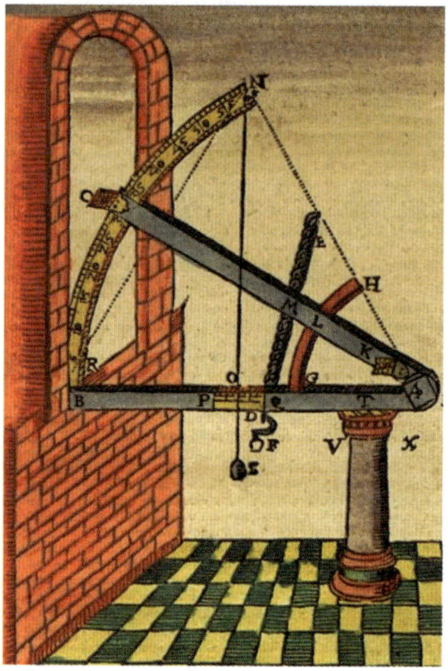

布拉赫的六分仪（左）和伽利略发明的望远镜（右）。在伽利略发明望远镜之前，天文学家们把六分仪放在窗边，用肉眼观测天体。天文学家第谷·布拉赫的视力非常好，在望远镜出现之前，留下了卓越的观测记录。尽管他发现自己的观测资料为日心说提供了依据，但始终坚信地心说。伽利略用望远镜观测并研究天体，确信日心说的正确性。即便受到了宗教审判，他也没有放弃作为一名学者追求真理的信念

星的周期性运动，不断地修正地心说。伽利略用望远镜观测到了木星的卫星和金星的周期性运动，从而为哥白尼的日心说提供了证据。后来随着观测技术的发展，人类观察

到了宇宙的周期性变化，证明了这一假说，从而发展了宇宙观。我们可以从中了解宇宙从前经历了哪些变化，未来又将如何发展。

宇宙的周期性变化会对地球环境造成影响吗？天文学家兼数学家米兰科维奇研究了地球运动对气候产生的影响，他认为地球在自转和公转时，公转轨道、自转轴的倾斜度和自转轴的方向都会影响气候。这是因为如果公转轨道和自转轴发生变化，抵达地球的太阳辐射量和抵达位置会发生变化。

地球绕太阳公转，在木星和土星的引力作用下，地球的公转轨道变成了椭圆形。椭圆两焦点间的距离和长轴长度的比值叫作公转轨道的偏心率，公转轨道的偏心率大约以 10 万年为一个周期进行变化。地球与太阳的距离在椭圆形轨道上形成了一个近日点和一个远日点。地球抵达近日点时比在远日点时接受的太阳辐射量多。公转轨道的偏心率变大后，在近日点和远日点接收的太阳辐射总量会有 23% 左右的差距，季节变化增大。

地球自转轴的倾斜度平均为 23.5 度，但并不固定。自转轴的倾斜度大约以 4.1 万年为一个周期，在 22.1 度到 24.5 度之间变动。当自转轴的倾斜度达到 24.5 度时，夏天接收的太阳辐射量增多，冬天接收的太阳辐射量减少，夏季和冬季的季节变化增大。现在地球的自转轴倾斜了

米兰科维奇循环

公转轨道偏心率的变化

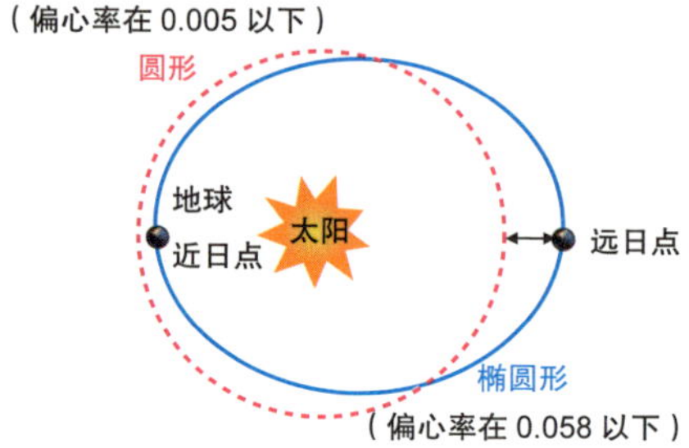

公转轨道的偏心率大约以10万年为一个周期进行变化。当地球在最长的椭圆轨道上转动时，在近日点和远日点上接收的太阳辐射量会有23%左右的差异，季节变化增大

自转轴倾斜度的变化

地球自转轴的倾斜度以4.1万年为一个周期，在22.1度到24.5度之间变动。如果自转轴的倾斜度变大，每个季节的太阳辐射量差距会增大，冬季会更加温暖，夏季会更加凉爽

自转轴的方向变化

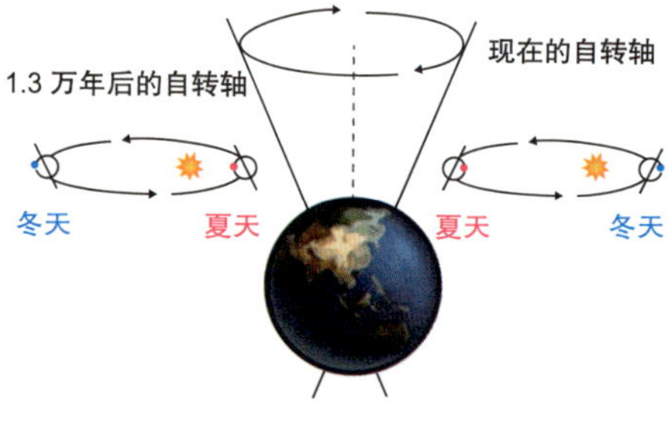

地球的自转轴大约以2.6万年为一个周期进行转动。现在北半球在远日点时是夏季，在近日点时是冬季。1.3万年后，北半球在近日点时是夏季，比现在热得多，冬天也会变得更加寒冷

23.4 度左右，倾斜度有减少的趋势，大概 8 000 年后会变成 22.1 度，到时冬天会更加寒冷，夏天会更加炎热。

地球不是一个正球体，而是稍微有点儿扁，转动时地球的自转轴也会跟着一点点转动。地球自转轴的转动周期大约为 2.6 万年（尽管现在北半球夏季时，已经过了远日点），1.3 万年后，北半球夏季时，地球的位置会变成近日点。如此一来，北半球的夏季将会更加炎热，冬季将会更加寒冷。

米兰科维奇在研究了改变到达地球的太阳辐射量的三个因素之后，计算出北半球和南半球的太阳辐射量会随着时间的推移如何变化，并在此基础上解释了为何地球上会有规律地出现冰期。由于米兰科维奇循环周期与气候的周期性变化一致，因此气候学家也将此视为气候变化的宏观因素。

人类可以利用超级计算机预测短期或中长期的气候变化。提前知道气候的变化，可以预测出农作物的收成，而收成的变化将会影响农产品的价格，从而预测出整个经济形势。此外，还可以根据经济情况预测时尚和文化的流行趋势。这种历经了几万年的周期性变化势必影响地球气候变化，但其他因素也不容忽视。温室效应造成全球变暖，导致出现了不同以往的炎热夏季，以及不符合相应地区常态的异常天气。此外，太阳黑子的变化和陨石撞击也会引发气候变化。为了预测复杂的气候现象，不仅需要考虑周期性变化，还要考虑其他多种因素。

从大历史的观点来看，研究周期变化的宇宙现象可以有效地预测未来。我们可以预测恒星的一生或彗星的运行情况，数十亿年后太阳将如何变化，银河系将如何发展。尽管在遥远的将来，人类生存的可能性很小，但如果能知道世界末日是何种景象，我们可以更好地思考现在应该如何生活。

通过非周期性变化解读未来

15 世纪的欧洲征服者们漂洋过海到达美洲，用枪炮侵占了原住民的居住地，并将其据为自己的殖民地。在此过程中出现了一种意料之外的武器，比西班牙军队的枪炮杀伤力更强，彻底打败了原住民。这种武器就是在欧洲蔓延的病菌。原住民对此没有任何免疫力，感染上了天花、麻疹、流感等各种传染病，哥伦布曾登陆的伊斯帕尼奥拉岛上 80% ~ 90% 的居民死于天花。天花成为征服者们的武器，美洲繁荣的阿兹特克帝国和印加帝国毫无还手之力，就此灭亡。

在几乎没有医学知识的数千年间，天花对人类的折磨，不分尊卑贵贱、男女老幼。公元 2 世纪马可 · 奥勒留

天花病毒

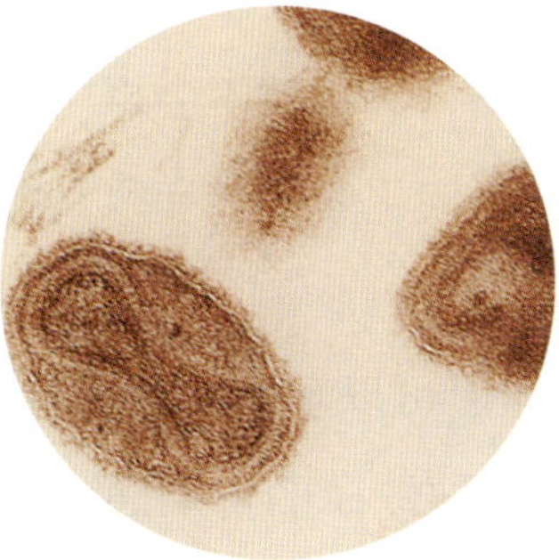

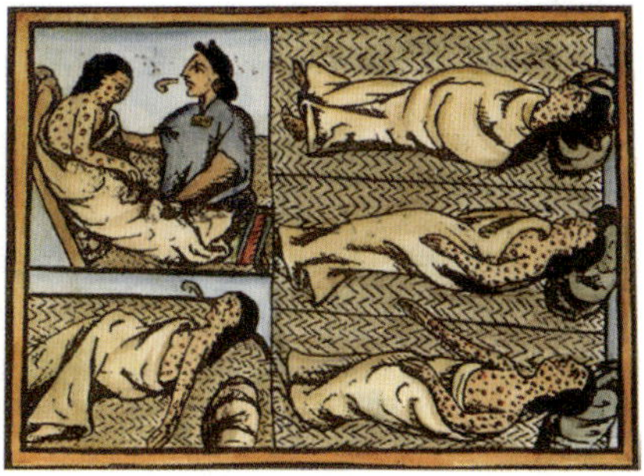

随着亚非欧大陆间的联系越来越紧密，天花病毒（左）也随之蔓延。截至 17 世纪，欧洲每年有 40 万人因天花病毒丧命。天花的症状（右）为全身长满水疱，持续高烧，严重时可以致人死亡，死亡率高达 30%

皇帝据推测患天花死亡，罗马帝国开始衰落。直到 20 世纪，全世界仍有数亿人因此丧命。爱德华·詹纳研发出牛痘疫苗，成功预防了天花感染，1979 年，世界卫生组织正式宣布已经成功消灭了天花，天花成为历史上灭绝得最早的一种传染病，毒株仅保存于个别实验室。

正如美国政治家唐纳德·拉姆斯菲尔德所说，我们可以把非周期性的变化分为“已知的变化”、“未知但可以预测的变化”和“完全意想不到的未知变化”三种。

第一，现在天花就是一种“已知的变化”。人类已经知道天花病毒是什么、有什么感染症状、如何治疗、如何预防等，还知道天花已经消失，没有必要再进行预防接种。只要不发生恶性的生化恐怖袭击，天花就不会再次猖獗。我们可以预知化石燃料将会枯竭、工业化会导致气候变化等也是用已知知识预测未来。

第二，过去天花是一种“未知但可以预测的变化”。15 世纪的欧洲人已经知道天花是一种致命的传染病，但不知道疫情会在何时何地发生，也不懂相应的治疗方法和预防方法。也就是说，虽然可以预测某件事情定会发生，但没有合适的预防和应对方法。火山爆发、地震、海啸和陨石撞击等都属于这一类情况。

第三，“完全意想不到的未知变化”类似于印第安人第一次患天花。30 多年前，还没有人预测到智能手机将会改变世界。19 世纪的工业化也是如此。工业化始于英国的工业革命，以瓦特改良的蒸汽机为中心，进行机械化、工业化，化石燃料代替木材成为主要能源。历史学家肯尼斯·彭慕兰认为英国的露天煤矿较多，开采费用和运费低廉，从而引发了工业革命。之前没有想过这类新能源可以用作燃料，人类文明迎来了工业化这一大转折点。未来学家杰里米·里夫金表示：“能源从根本上改变之后，人类从身体到灵魂变得完全不同，因而无法预测新的能源时代。”

美国的投资专家纳西姆·塔勒布称这是一个意外事件，并把这种事件称为“黑天鹅”。黑天鹅指在没有任何准备的情况下对整个社会造成巨大影响的事件，“9·11”恐怖袭击事件、日本东北部大地震、福岛核泄漏、人工智能阿尔法围棋在围棋比赛中战胜人类等属于这种情况。大部分黑天鹅都会给人们带来巨大的冲击和不安。事件发生后，涌现出很多对事件发生原因的分析，过去曾经预测到类似情况的人士和报告也开始受到关注。但塔勒布认为黑天鹅无法预测，我们需要把焦点放在未知事物上。在此类研究中，复杂系统理论备受关注。

未来学家彼得·施瓦茨认为，详细了解未来可能发生的各种情况，有助于现在做出更好的决定。他强调了预测未来的重要性，未来大概会出现以下三种情况：类似于现

复杂系统理论

现代社会在多种复杂因素的相互作用下运转。与工业化之前相比，现在社会的变化更加不规则、更加复杂，通过分析个别因素无法预测全局的变化，特别是各个因素都具有自我组织化、创造性、非线性的特征。复杂系统理论可以推导出这些因素及其之间存在的因果关系。当然，其中也有可能出现多种变数，有一定的局限性，但在自然科学和社会科学领域预测未来时常采用这一模型。

在并得到进一步发展，比现在差，社会发生根本性改变。

世界各国政府都在规划本国的未来发展。英国、瑞典、新加坡等国在政府核心部门设立了未来研究机构，以预测未来，制定相应的政策。美国国家情报委员会为了制定中长期战略目标，投入大量人力和网络资源，制定未来预测报告。该报告中分析了 15 ~ 20 年间发展的“大趋势”和改变世界版图的因素，并提出了潜在黑天鹅出现的四种情况。

目前，我们面临着多极化、新技术、人口增长、粮食不足、能源缺乏、水资源匮乏、气候变化、经济失衡、局部冲突、网络战争、太阳磁暴等全球性问题。这些问题在未来相互关联，构成一个广泛的网络，这也是我们摸索共同对策的出发点。30 年后世界人口将如何变化？出生率会提高，还是降低，结果完全不同。对政府和个人来说，30 年都不遥远。这两种情况都需要提前防备，因为无论在哪种情况下，都可能出现黑天鹅。

畅想未来

预测未来颇有些讽刺意味。未来学家们对 10 年、20 年后人工智能会发展到什么程度、全球变暖现象会有什么发展等，很难达成一致，却可以清晰地预测出太阳系 10 亿年后的模样、银河系和仙女星系 100 亿年后的模样以及宇宙 1 000 亿年后的模样。也就是说，即使知道 50 亿年后太阳系会如何，也无法预知明天是否发生地震。如果人工智能融入我们的日常生活，人类可以挑选遗传基因孕育生命，这将会引发什么问题呢？很难预测日新月异的尖端技术将会如何改变人类的社会体系。几十年前预测智能手机时代即将到来的人还曾遭受大家的冷嘲热讽。如果想通过未知的变化解读未来，最需要拥有科幻作家般的想象力。

19 世纪的法国小说家儒勒·凡尔纳创作了《海底两万里》、《八十天环游地球》和《十五岁的小船长》。在

未来的世界人口变化

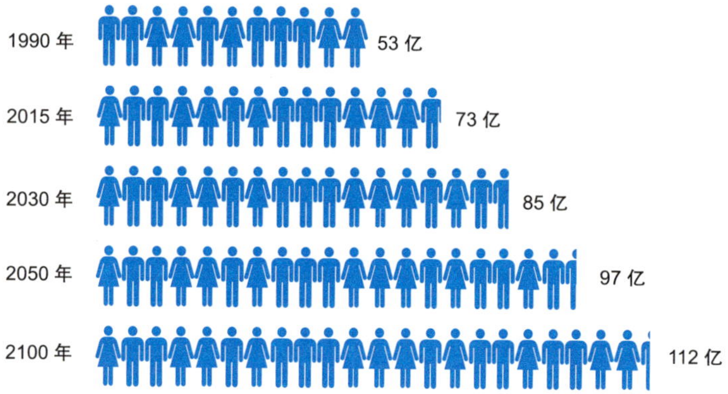

各国平均年龄排名

顺序	2030 年		2050 年	
	国家	平均年龄（岁）	国家	平均年龄（岁）
1	日本	51.5	韩国	53.9
2	意大利	50.8	日本	53.3
3	葡萄牙	50.2	波斯尼亚和黑塞哥维那	53.2
4	西班牙	50.1	新加坡	53.0
5	希腊	48.9	中国	52.7
6	中国	48.6	葡萄牙	52.5
7	德国	48.6	希腊	52.3
8	斯洛文尼亚	48.1	古巴	51.9
9	韩国	47.5	波兰	51.8

这是 2015 年联合国预测的世界人口变化情况。根据联合国的预测，到 2050 年年底，全球人口将会接近 100 亿。到 2030 年，韩国的平均年龄将达到 47.5 岁，在世界上平均年龄最高国家中排名第九；到 2050 年，将达到 53.9 岁，排名世界第一。虽然世界人口过剩的问题十分严峻，但韩国的老龄化问题将更加严重

潜艇被发明之前，他凭借想象力在《海底两万里》中描绘出潜艇和海底探险的故事。而小说《二十世纪的巴黎》无疑最能体现儒勒·凡尔纳预测未来的非凡能力。

这部作品写于1863年，当时的出版商拒绝出版，在约130年后的1994年才被儒勒·凡尔纳的曾孙偶然发现并推动出版。19世纪60年代，全世界发生了一系列大事件。1859年，达尔文的著作《物种起源》出版；1861年，美国爆发内战，林肯发表了《解放黑人奴隶宣言》（1863）；中国发起了借鉴西方文明富国强兵的近代化运动（洋务运动）；日本进行了明治维新，开始施行资本主义经济体制和立宪政治；1860年，朝鲜崔济愚创立东学，为东学党起义创造了条件，1863年，高宗即位，兴宣大院君掌权。而同一时代的儒勒·凡尔纳却在小说中描绘出高速列车、电梯、传真、汽车、空调、电视、计算机网络等。他的预测未来的能力甚至令无法准确预测未来的科学家们咋舌。不仅如此，儒勒·凡尔纳在1865年撰写的《从地球到月球》中甚至描述了宇宙飞船从地球起飞登上月球再返回地球的过程。

好莱坞的电影导演们也向我们展现了未来社会的各种面貌，激发了我们的想象力。电影《外星人E.T.》中有外星人与地球人相遇的场景；电影《阿凡达》描写了人类为了解决地球的能源枯竭问题，在其他星球上开采资源，

预测未来的小说

儒勒·凡尔纳平时对科学很感兴趣，写出了《二十世纪的巴黎》(左)。他预测巴黎100多年后会拥有尖端科技，人类惨遭冷落。1949年，英国小说家乔治·奥威尔在《1984》(中)中描绘了一个可以通过电视屏幕监视一切地方的社会。在这部小说面世17年前，阿道司·赫胥黎推出了反乌托邦的未来小说《美丽新世界》(右)。这部小说尖锐地讽刺了基因工程发展带来的负面影响

引发战争的故事;《终结者》刻画出人工智能与人类搏斗的过程;《黑客帝国》讲述2199年人类被人工智能存放在人造子宫(“母体”)内，用作延长人工智能寿命所需的能量。电影导演们在描写人类未来的电影中充分发挥了想象力。

尽情发挥想象力的科幻电影和小说有助于促进科学

描写未来的电影

左起依次为：史蒂文·斯皮尔伯格执导的讲述外星人与地球人相遇的电影《外星人 E.T.》；詹姆斯·卡梅隆导演，描写为解决地球的能源枯竭问题引发战争的影片《阿凡达》；詹姆斯·卡梅隆在执导《阿凡达》25 年前执导的另一部影片，展现人工智能和人类对决的《终结者》；莉莉·沃卓斯基和拉娜·沃卓斯基导演拍摄的把人类用作人工智能生命能量的《黑客帝国》

技术的发展，也有助于扩大人类对未来的认知。2002 年上映的电影《少数派报告》中提出虹膜识别技术的商用，同时还提出了对未来犯罪者定罪的伦理性争议。像这种科幻小说和电影内容对未来产生实际影响的现象被称作“SF 效应”（科幻效应）。美国麻省理工学院还开设了再现电影中尖端技术的课程。

人类为什么要预测未来呢？人类认为未来充满了危机和机会。人们最先想保障稳定的衣食住行，把自己的基因传给后代，因而会密切关注未来的情况。现在学习的专业不同，未来的职业就会不同；政治家们的政策不同，科学技术也会有不同的发展。不远的未来很大程度上取决于人们现在的想法和努力程度。

预测和应对未来，从个人层面上讲，是一种经济策略，同时也可以消除心中的不安。从国家层面上讲，可以先发制人，比其他国家更早采取措施，增强国家的实力。未来学家预测未来时大致综合了三种观点。第一种是“可能的未来”，就像科幻小说或电影中提到的，可以推测出一定的情况和条件下会产生什么结果。第二种是“理想的未来”，在现有的人类文明基础上发挥潜力，展望未来的美好蓝图，并分析危险因素，找到个人和社会共存的发展方向。第三种是“盖然性的未来”，分析现有的信息，通过模拟实验预测未来。俗话说“蹩脚巫婆害死人”，轻率地预测未来有可能助长盲目的不安和恐慌。我们预测未来并非出于单纯的好奇，而是为了正确地判断当前的情况，以便提前发现并应对危机。为此，从事可能的、理想的、盖然性的未来研究的专家们应该共享知识，进行综合研究。

从大历史的观点来看，人类未来虽然会在一定程度上受到今天人类活动的影响，但人类无力改变更多。人类怎么能改变进入地球大气层的彗星的轨道，或者阻止环太平洋火山带发生的地壳活动呢？我们只能在脑海中想象一下地球灭亡和宇宙终结的画面而已。

我们可以通过昼夜或季节等定期发生的变化预测未来，也可以通过认真记录和分析从过去到现在发生的各种事件和灾害信息进行预测，抑或是随心所欲地畅想未来。小说家和电影导演也会开启讨论的大门，谁都可以参与其中，预测未来。智人的 DNA 中自带沟通能力。在科学预测未来的同时，如何使用人类的欲望，将决定未来成为乌托邦还是反乌托邦。虽然未来不可控制，但可以发挥人类的智慧合理探讨如何应对未来。

2

能源与人类未来

动画片《机器人总动员》中有一个被留在地球上的机器人，几百年如一日地在空无一人的地球上独自处理地球垃圾。人类不断地消费，地球变得不再适宜人类生存。人类离开地球时，在各处留下一些处理垃圾的机器人，希望有一天地球能重新适合人类生活。但是除了主人公瓦力之外，其余的机器人全部坏掉了。

《机器人总动员》虽然只是一部动画片，却让人类反思现在的生活方式是否正确。人类对科技发展抱有盲目乐观的态度，独霸地球能源，将创造出一个怎样的未来呢？

随着人口激增、能源供需差距扩大，资源枯竭的速度也在加快。环境污染日益严重，世界各地气候异常，越来越多的物种正在消失。食物链顶端的人类过度消耗能源，创造出很多被记录到历史教科书中的文明，却不知这种文明能否持续下去。人类应该认真讨论一下，在这种情况下，人类应该如何生活，争取什么，放弃什么。

能源急速消耗的人类世

能源是左右人类未来的根本因素，其作用如同神话中用双手撑起地球的巨人阿特拉斯。如果能源不足，在此基础之上的政治、工业、文化、艺术等都会陷入危机。

2003 年，美国及加拿大东部地区发生了大规模的停电事故，5 000 万人陷入混乱。交通信号灯熄灭后，车流搅成一团，交通瘫痪；人们被困在停止运行的电梯里；银行的自动取款机停止运作；地铁停运，人们恐慌地从地铁站跑到地面上来。

以前碰上停电，可以点上蜡烛或发动临时发电机坚持几个小时，但现在停电，不仅会带来生活上的不便，还会对经济、社会造成巨大的损失。电视和冰箱停止运作，自来水和燃气停止供给，交通信号灯或飞机着陆等所有需要电力的人类活动都被迫停止。而日常生活中持续的不便会使人们在恐慌气氛中发生混乱。人们面临生存危机时，如果出现掠夺、放火、抢劫、杀人等骇人听闻的罪行，便有可能演变成无法控制的暴动。令人担忧的是，随着能源短缺情况的加剧，发生停电事故的可能性越来越大。现在人类社会对化石燃料依赖严重，如果开发不出新能源和可再生能源等能源技术，能源危机将会演变成人类生存危机。

在介绍非洲或东南亚贫困地区的电视节目中，偶尔会看到一些翻捡垃圾的孩子。观众看到孩子们光着脚在垃圾堆上跑来跑去，感到十分痛心。首尔的兰芝岛曾是一个巨大的垃圾填埋场。首尔市民们制造的垃圾日积月累堆积起来，形成了一座 100 米多高的垃圾山。现在兰芝岛垃圾填埋场被改建成了晚霞公园和天空公园，成为市民们的休息场所。那垃圾都去了哪儿呢？其实仍然原封不动地埋在公园下面。方便面包装袋、可乐易拉罐、碎成塑料片的玩具再过几百年也不会腐烂消失。人类文明造就的垃圾在世界各地的垃圾填埋场上越堆越多。

我们担心能源危机会危及整个地球生态系统。从理论上讲，生态金字塔中的下层生物向上层生物提供能量。如果上层生物消费能量的速度比下层生物生产能量的速度快，整个生态系统就会面临危机。

随着工业化进程加快，人口数量增加，开采和利用能

兰芝岛的变化

兰芝岛从 1978 年开始被用来填埋垃圾，15 年间，各种垃圾堆积出一座巨大的垃圾山。1993 年，兰芝岛因无法再堆积垃圾，垃圾填埋场被关闭，穷人也开始在附近定居。后来，首尔市将原为“死亡之地”的兰芝岛改造成生态公园，地下填埋垃圾产生的能量被用于周边设施

源的技术得到了长足发展，人类消耗能源的速度远比能源的生产速度快。科学家埃尔利希曾批判道：人类使用了净初级生产量的 25%～40%。在有限的能量资源中，人类使用的比例越来越高，其他物种因缺乏足够的能量而灭绝。研究过去 6 亿年间物种灭绝的古生物学家认为，现在物种的灭绝速度和地球历史上发生过的五次物种大灭绝的速度相差无几，甚至比物种大灭绝时更快。人类消耗能源的速

生态能量金字塔

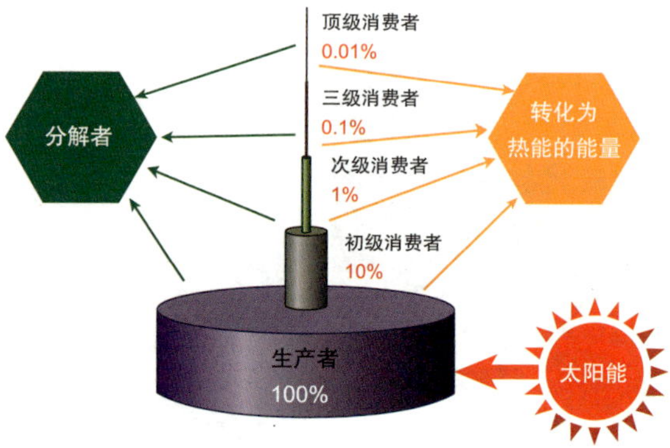

生态系统中各个营养级的能量呈现金字塔形态。在生态能量金字塔中，营养级别越高，使用的能量越少，因为很多能量经过各个阶段被转化成热量，或被分解消耗。属于顶级消费者的人类如果利用能量的速度比下层生物生产能量的速度快，生态金字塔就无法维持平衡

净初级生产量

植物光合作用生产的能量中扣除植物呼吸作用消耗的那部分，剩下的可用于植物的生长和生殖的能量。

度越来越快，对生态系统造成的影响力也越来越大，我们把这一时期称为“人类世”。“人类世”时代不仅开创了人类的未来，也让人类担负起与地球其他生命共同生存的重大责任。

曾经有一份报告通过科学方法

分析，预测人口将会暴涨，地球能源的过度使用将让人类陷入危机。该报告利用系统力学理论和计算机建模技术，分析了经济增长的长期原因及其结果。

1972 年，由世界著名企业家、政府人士、科学家组成的非正式国际组织“罗马俱乐部”发表了标题为《增长的极限》的报告，预测全世界现今的政策能否维持人类社会的可持续发展。该报告对可能枯竭的天然资源、地球吸收工业和农业产生的废气的能力进行了分析，预测在 21 世纪的某个时候，地球上的物质增长必将终结。

报告发布之后，大部分人认为大约 50 年后物质增长将会停止。最令人悲观的是，物质生活水平从 2015 年开始就不再提高了。但还没等 50 年的时间过完一半，俱乐部又发布了第二份报告。该报告指出，人口的爆炸性增长，已经超过了地球的承载能力。

哥伦比亚大学雷斯教授及魏克内格教授提出了可以计算地球承载能力的“生态足迹指数”。生态足迹指数是把为人类提供谷物、饲料、木材、鱼类、土地等衣食住所需资源的费用，以及处理人类排放的二氧化碳等各种有毒物质、汽车尾气、垃圾等所需费用换算成土地面积，从而把人类对地球生态系统施加的压力数据化，成为衡量地球承载能力的标准，指数越高，生态系统受到的破坏越严重。

根据生态足迹指数计算，20 世纪 80 年代初就已经超出了地球的承载能力，2000 年已经超出地球承载能力 20%。

世界自然基金会预测：如果这一状态持续下去，到 2030 年，要有两个地球才能让人类维持现有的生活水平。以魏克内格为代表的国际环境保护组织“全球足迹网络”每年都会以人类可以消耗的资源为基准，发布一年中开始超出地球生态容量的日期。2011 年是 9 月 27 日，2015 年是 8 月 13 日，2016 年是 8 月 8 日，这些日期之后的日子都超出了地球的生态容量。2016 年 8 月 9 日到 12 月 31 日之间使用的资源相当于提前使用了未来的资源。这笔债需要现在这一代人还给下一代人。在还完这笔债之前，下一代的生存将变得十分危险。

报告《增长的极限》还批判性地探讨了那些以人口、资源、人均粮食生产、人均工业生产、环境污染等因素来判断现在、预测未来的资料。报告指出：为了地球的可持续发展，应该提高贫困人口的消费水平，同时减少人类整体的生态足迹。同时，对于急于发展经济而引发的各种问题，社会和政治对策反应迟钝，情况日益恶化，今后生态系统崩溃的速度将快得吓人。

人口增长和能源枯竭问题是妨碍可持续发展的主要因素。尽管生育率有所下降，但随着医疗技术的发展，婴儿

生态足迹和地球的承载能力

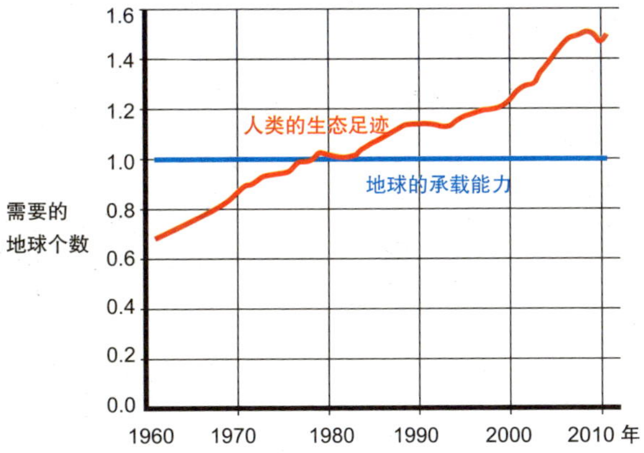

生态足迹是反映可持续发展可能性的代表性指标，是指给人类提供资源和吸收人类排出的废气的土地面积。1980 年之前，人类的生态足迹就已经超出了地球的承载能力。到 2000 年，已经超出地球承载能力 20%，2010 年超出地球承载能力 50%

死亡率下降，老龄人口增加，世界人口正在急剧增长。随着工业化的极速发展，人口呈指数增长，全球人口已经超过 70 亿，预计 2050 年将达到 90 亿或 100 亿。尽管工业总生产量和粮食总产量不断增加，但由于人口增长速度过快，人均工业产量和人均粮食产量逐年下降。想要增加粮食产量，会破坏土壤、水、森林等生态环境，如果开发不出可持续的生产技术，全球的粮食产量必将减少。

人类似乎天生就是来扔东西的……

随着人口增长，消费增加，人类的生态足迹指数也在不断提高。特别是发达国家各种消费都比发展中国家多，人口的增长对生态足迹指数的影响更大。通常来说，四口之家比三口之家生产的垃圾多，一个月花 400 万韩元的人比一个月花 200 万韩元的人使用更多的资源。令魏克内格忧心忡忡的是，在过去 40 年间，人均能源和物质消费量的增加比人口增长更快。

人口增长还会引发其他问题。发达国家人口日益减

分配不均的世界

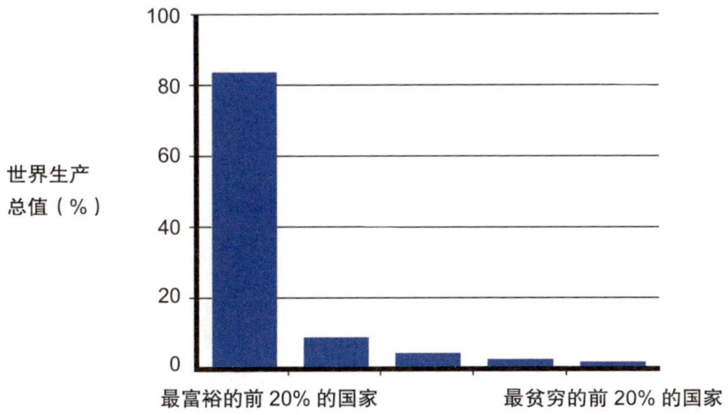

世界上的财富分配不均，并造成发展机会的不均等。贫富分化越来越严重，地球的可持续发展愈加困难

少，发展中国家人口急剧增加。发展中国家的城市人口增长，城市贫民窟的生存问题和传染病等卫生问题也日益严重。国内外贫富差距造成的矛盾日益增多。发达国家整体上人口稳定或有减少的趋势。日本和韩国的出生率持续走低，老龄化速度日益加快。从事生产的人口日益匮乏，需要抚养的人口增多，社会福利问题会引发政治矛盾，导致经济发展长期乏力。

最近 10 年间，世界上有 50 多个国家的人均国内生产总值持续下降，全世界的贫富分化越来越严重。排在前20% 的富裕国家占世界生产总值的 80%，消耗全世界近60% 的商用能源。而最后 20% 的贫穷国家只占世界生产总值的 2%。发展中国家中三分之一的孩子营养不良，平均每天有 2.5 万人死于饥饿。人们吃不饱并不是因为粮食不够，而是因为没钱买粮食。现在世界各地种植的粮食作物足够全世界的人食用，只是没有足够的政治意志进行分配。在这种情况下，自由贸易和经济发展对富裕国家来说就像甜蜜的糖果，而对那些贫穷国家来说无疑是生存危机。

能源枯竭是人类面临的另一个危机。现在人类使用的是在漫长岁月中形成的化石燃料。煤炭是植物死后在地下历经数亿年的地质作用生成的。堆积时间短的变成泥炭，时间再长些成为褐煤、烟煤、无烟煤，含碳量也随之增加。石油是由数亿年前深海或湖泊堆积的生物残骸在地壳运动时受高温高压而成。如果把地球 46 亿年的历史压缩到 24 小时，那么晚上 11 点才出现了恐龙。恐龙出现50 分钟前，倒下的植物变成煤炭。而在子夜 12 点前的 1分 17 秒才出现的人类把煤炭开采出来使用。现在地球的某个角落肯定也在生成煤炭、石油和天然气。但哪怕算上这些刚刚生成的资源，也无法追赶人类的消费速度，能源

主要化石燃料可开采年数（以2014年为基准）

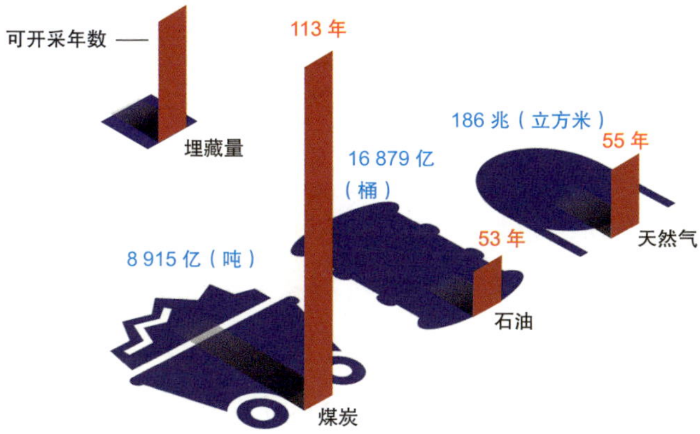

按照已知的埋藏量和消耗速度，可以计算出埋藏量枯竭的时间，即可开采年数。勘探出新的储量或是改变燃料的消耗速度都会影响可开采年数。很难计算出准确的可开采年数，但可以大体推测出主要化石燃料的生产和消费类型

枯竭问题日益凸显。当然这并不是说埋藏的能源都被用完了，而是说在现有的技术条件下，有开发价值的能源储量日益减少。如果资源的开采费用比使用费用昂贵，那么没有人愿意自掏腰包开采能源。

人类使用核能替代日益减少的化石燃料，核能被认为是一种清洁能源。但2011年日本东北部大地震引发海啸，福岛核电站发生放射性物质泄漏事故，引起了关于核能安

全性的争议。

即使人类对核能发电没有争议，核燃料铀也在逐渐减少。无论核能发电技术多么绿色环保，能效多高，铀枯竭之后都无法通过核能获得能源，这是核能发电最根本的局限。

水资源匮乏也是一个严重问题。水是一种无法替代又不可或缺的重要资源。没有石油，人类也生活了数万年；但没有水，人类一天也活不下去。人一天要喝 4 升左右的水，而生产一天吃的粮食需要 2 000 升水。水是一种重要的国际竞争力和交易标的。水交易市场是仅次于化石燃料和电力的第三大市场。

现在全球缺水。黄河流淌了几千年，水量曾经十分丰沛，但仍无法承受日益增加的人口压力。1972 年，黄河就曾因水量不足部分河段干涸。印度的恒河和埃及的尼罗河在旱季时很难流到大海。土库曼斯坦和乌兹别克斯坦之间的阿姆河、美国的科罗拉多河都曾经水量丰沛，吸引了众多人口居住，现在这些河流逐渐干涸，已经很难看到鱼虾。由于淡水流入减少，咸海的盐分浓度急速上升，曾经每年可以捕捞 4 吨鱼类，现在连一条鱼也没有了。

人类试图借助科学技术的力量来解决水资源匮乏的问题，用抽水机把地下水抽上来饮用和灌溉农田。美国大规模抽取地下水，把南达科他州和得克萨斯州之间的奥加

奥加拉拉的灌溉农田

从人造卫星拍摄的照片（上）上看，巨大的圆形农田如同围棋盘上的棋子。走近一看，圆心处有直径长达 1.3 千米的巨型喷水机器（下），每 44 个小时旋转一周，往玉米地或麦田里洒水。这里出产的小麦、玉米、棉花、牛肉约占美国总产量的五分之一

拉拉蓄水层地区变成肥沃的粮仓地带，令全世界的人羡慕不已。

奥加拉拉蓄水层地带

地下水汇聚的地方叫蓄水层或含水层，美国大平原地下的奥加拉拉蓄水层为美国的地下水灌溉供给了 1/3 的水量。

人类贪婪，大自然也并没有那么友善。奥加拉拉蓄水层绝不是那种取之不尽的聚宝盆。大量水资源被短期内抽取，但干燥地区的蓄水层只能补充使用量的十分之一。自 1980 年以来，得克萨斯州每年有百分之一的灌溉农田消失。这是因为越来越多的地区因地下水水位下降，抽取地下水的费用增加，生产效率降低。由于缺水问题日益严重，得克萨斯州从 2016 年开始规定减少三分之一的用水量，遭到农民的强烈抗议。

聚宝盆

传说，秦始皇曾命人把黄河水引入一个巨大的铜盆里，由于铜盆巨大，盆中的水一直用不完，于是便有了“河水盆”这个词，后来演变成了“聚宝盆”。

水也被称为“新石油”，有学者预测，未来将爆发比 20 世纪 70 年代石油危机更加严重的水资源危机。经济合作与发展组织预测，到 2030 年，全球一半以上的人口将会被用水不足困扰。学者们推算印度抽取的地下水量是蓄水层吸收雨水的两倍，国际水资源管理研究所发出警告，印度的粮食生产可能会

亚利桑那州各发电技术的耗水量

能源技术	耗水量（gal/MWh）
水力	30 078
太阳能	800 ~ 1 000
核能	785
煤炭	510
天然气	195 ~ 415
地热	<5
太阳能电池	<1
风力	0

美国地理学家马丁首次研究了多种发电技术生产 1 兆瓦时（MWh）电力所需的水量。这项研究发现，能源消费和水消耗有着密切的联系，我们可以发现天然气发电比核能发电更加节水，水力发电对水资源的浪费最大

虚拟水交易

种植粮食作物、饲养牲畜都需要水。一般来说，干燥的沙漠地带比潮湿的地区需要更多的水。所以从全球来看，在干旱地区生产粮食和喂养家畜，还不如从潮湿或水量丰富的地区进口小麦、玉米、牛肉划算，这就是虚拟水交易。如果不进行虚拟水交易，水资源匮乏的地区渐渐就不会有人居住，而水资源丰富的地区会因人口密度过大出现更大的问题。

因蓄水层的枯竭，最多减产四分之一。

人类并不只是在喝水、种植农作物和饲养牲畜时用水。笔记本电脑、电灯、地铁运行都需要使用电力。而电力的生产过程需要用水。发电厂用水蒸气驱动涡轮发电，需要用水冷却。美国发电厂用于冷却的水比农田灌溉用水还多，冷却水流入江河湖海还会严重破坏生态环境。

人类可以使用的水越来越少，但全球气候变化造成海平面升高，又威胁着人类的生存。冰川是地球的蓄水池，用来储存淡水资源。随着全球变暖，冰川融解的水汇入大海，造成水温上升，海水体积膨胀，全球的海平面每年以 2 ~ 3 毫米的速度上升。据 2007 年联合国下属政府间气候变化专门委员会第四次评估报告预测，2100 年海平面大约会上升 0.18 ~ 0.6 米，而美国的约翰 · 费弗则预测会上升 0.8 ~ 2 米。

气候模型显示，北冰洋的海冰逐年减少，到 2050 年夏天会完全消失，但也有人预测 2035 年就会消失。尽管对时间的预测不同，但人们普遍认为，到 2030 年，南亚、东南亚和非洲南部会陷入严重的粮食危机。在朝鲜半岛中部，由于气温上升，气候干旱，农作物生产遭受的损失会愈加严重。北极附近的永久冻土层融化，房屋和建筑物倒塌，道路也会被损毁。

格陵兰岛居民的生活变化

由于气候变化，北极圈的生态环境发生了改变，曾以狩猎为生的格陵兰岛居民开始种植土豆。气候变化既是危机，又给人类带来了新的契机

但气候变化并不只会带来不好的影响。冰雪融化之后，可以开拓海路，打开之前无法抵达的北极航路。冻原上长出矮小的树木和植物，成为貉、海狸、美洲狮的栖息地。随着北极圈生态系统的变化，格陵兰岛居民不再以狩猎海豹为生，转而种植土豆、萝卜、西蓝花和其他农作物，从事农耕生产。

科学家们对文明的分类不尽相同。20 世纪 60 年代，苏联的天文学家卡尔达肖夫按照能源的消耗量，把文明分成 0、1、2、3 四个阶段。后来随着计算机性能的提高，人们转而用一个文明可以处理信息的比特数来评价文明的水平。卡尔·萨根立足于信息处理，把文明分成 A 到 Z

卡尔达肖夫的文明发展阶段

几类。也有人认为上面的分类方法只参照了能源和信息，很难评价文明的水平，应该增加污染度和垃圾排放量等指标。

卡尔达肖夫提出通过分析来自外太空的无线电信号，对文明进行分类，主张每个阶段的文明要比上一阶段可以多使用 100 亿倍的能源。

0 阶段是人类现在所处的阶段，第 1 阶段是利用所在

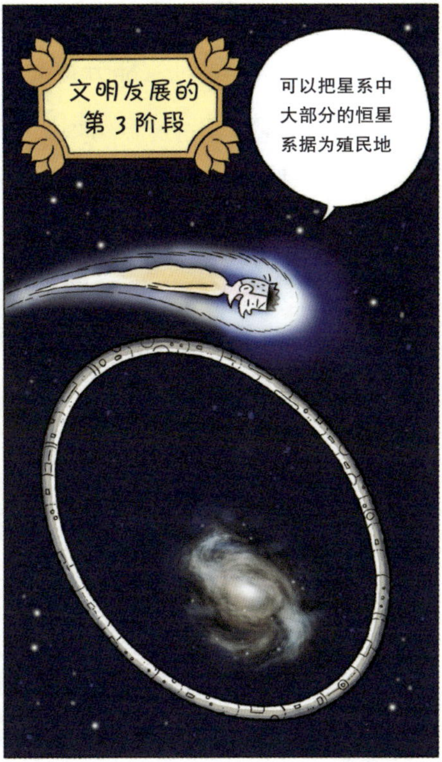

行星能源的文明阶段，在这一阶段，可以运用所在行星上的所有能源，消耗的能源约为 10^{16} 瓦。这一阶段的文明可以改变威力相当于 100 枚核弹爆炸的飓风走向，也可以建造海上城市。

第 2 阶段是行星上的能源全部耗尽之后，可以利用距离最近的恒星上的能源，能源总量约为 10^{26} 瓦。在这一阶段，可以人工控制其他恒星的核聚变反应。

第 3 阶段是在使用完距离最近的恒星上的能源之后，把所处星系的大部分恒星系据为殖民地。如果可以占据 100 亿颗恒星，可以使用的能量将达到 10^{36} 瓦左右。

根据卡尔达肖夫的分类方法，按照现在能源使用量的增加速度计算，人类文明转变到第 1 阶段需要 100 ~ 200 年，从第 1 阶段发展到第 2 阶段需要 1 000 ~ 5 000 年，从第 2 阶段发展到第 3 阶段需要 10 万 ~ 100 万年。卡尔·萨根为了更加准确地评价当今的文明水平，对文明的阶段做了进一步细分。现在我们使用能源的水平按照卡尔达肖夫的分类处于 0 阶段，但按照卡尔·萨根的分类换算过来是处于 0.7 阶段。猛地一看似乎即将到达第 1 阶段，但要发展到第 1 阶段，能源的消耗量要达到现在的 1 000 倍。

人类的文明水平如果发展到第 1 阶段，就会摆脱利用煤炭、石油、天然气等化石能源的时代，进入一个梦想时代。那时人类会使用照射到地球上的每一缕阳光，建设一个和平幸福的未来社会。不过，我们需要反思一下这是不是我们向往的生活。使用能源会造成温室效应和环境污染，引发核战争和宗教冲突，造成各种疾病蔓延，甚至会毁灭人类文明。我们的明天不会只有华丽的红毯。从人类的历史上看，还不知道以后会遭遇几次危机。人类是在危机中产生更强大的文明，还是会在宇宙的历史中消失得无影无踪，还需要我们拭目以待。

新能源和可再生能源的时代真的会到来吗?

美国刚脱离英国独立时，大部分美国人还依靠木材、骡子、马、牛、人力获取能量。19 世纪初开始使用煤炭，20 世纪石油代替煤炭占据了支配地位。最近 100 年间，煤炭消费增加了 230%，石油消费增加了 16 700%。由于地球上的剩余资源有限，随着人口的增长，以化石燃料为基础的经济发展进一步深化，开发替代能源成为关系人类生存的重大问题。

《枪炮、病菌与钢铁》的作者贾雷德·戴蒙德为了计算和比较消耗资源、产出垃圾的情况，提出“消耗因子”这一概念。发达国家的平均消耗因子为 32，而肯尼亚等贫穷国家的平均消耗因子为 1。美国、法国、日本的消费者比生活在肯尼亚的消费者多使用 32 倍的资源，多制造 32 倍的垃圾。全球只有 15% 的人口的消耗因子为 32，大部分人的消耗因子维持在 1 的水平。从消耗因子这一概念可以看出，左右地球资源枯竭的不是人口数量，而是人均资源消耗量。只有 6 000 万人口的意大利消耗的资源是拥有 10 亿人口的非洲的两倍。

只有一部分企业和一部分国家、地区可以开采煤炭、石油和天然气。如今在石油和天然气分布集中的西亚、高加索地区、北非、中南美、加拿大和俄罗斯等地发生的各种恐怖袭击、国际纷争、战争的根源多是化石燃料。

在第二次世界大战中，纳粹德国之所以要进攻苏联，部分原因是当时苏联拥有阿塞拜疆的巴库油田。而开发埋藏在特定地区的油田，需要拥有雄厚资本的企业或国家进行数十年的投资。只有那些拥有高端技术、资本雄厚的大企业才能把开采出来的原油加工成一般家庭使用的燃油。因此，在某一国生活就不得不按照这个国家能源公司规定的价格支付能源费用。

化石燃料的开采过程会造成土壤污染、海洋污染，使用阶段会排放温室气体。在依赖化石燃料发展的社会，整个经济结构都会造成环境污染。由于开采地区纷争不断，能源价格不稳定，再加上储量有限，消费者需要支付的费用越来越多，负担越来越重。考虑到人类的发展，化石燃

石油出口国和进口国

石油出口国和进口国都局限在特定地区，由此可以看出石油的生产、流通、消费过程都需要巨大的资本。围绕着这一巨大利益，经常会发生尖锐的政治矛盾，其中最具有代表性的就是中东战争和恐怖主义问题。

料并不是一种可以持续利用的能源。

为了能使全球人口维持一定的生活水准，可以通过两种途径解决能源问题。第一种是提高能源利用效率，这是一种短期的方法；第二种是开发太阳能、地热、风能、生物能、水电等可再生能源或者氢气、燃料电池、液化天然气等新能源，这是一种长期的方法。为了提高能源利用效率，不仅要考虑开发性能卓越的绝缘材料、电动机、LED（发光二极管）等提高能源利用效率的技术的费用、处理污染的费用、解决能源设施纠纷的费用，还要考虑为了利用或控制其他地区和国家的资源产生的军事费用，调解政治、军事矛盾的费用等。科学技术的发展虽然可以提高日常生活设施用电的能效，减少用电量，但只不过是延长了一点儿能源使用时间而已。从根本上讲，只有开发替代能源，才能克服发展的局限，创造出一种新的发展模式。

进入 21 世纪，政府间气候变化专门委员会认识到能源危机的严重性，预测并分析了气候变化的各种情况。如果像现在这样只依赖化石燃料，预计到 2090—2099 年，地球的平均气温最多会比现在高出 6.4 摄氏度，海平面会上升 59 厘米。相反，如果利用新能源和可再生能源减少二氧化碳的排放量，气温只会上升 1.1 度，海平面也只会上升 18 厘米。虽然也有人认为这一主张过于保守，但是

全球的电力生产

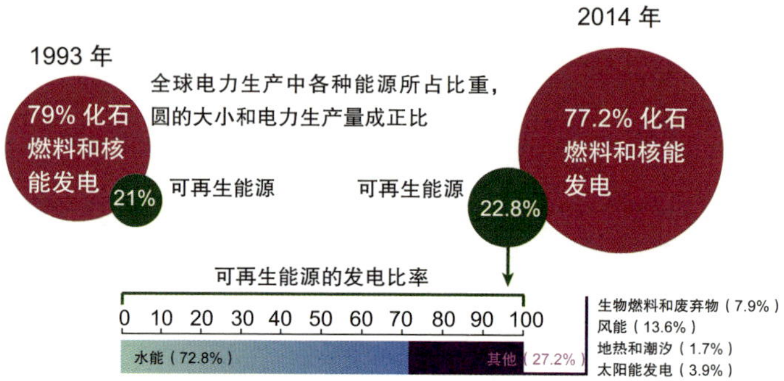

虽然在全球电力生产中，可再生能源发电所占的比重不断增加，但至今还没发生根本性的改变。1993 年，化石燃料（包括核能）发电占 79%，可再生能源发电占 21%。为了解决全球变暖的问题，人类曾试图减少使用化石燃料，积极开发可再生能源。但直到 2014 年，化石燃料（包括核能）发电仍占 77.2%，可再生能源发电只占 22.8%。在可再生能源中，除了传统意义上的水力发电之外，太阳能、风能、地热等新开发的可再生能源只占可再生能源的 27%。这一资料告诉人类，为了生存，今后还需要付出更多的努力

新能源和可再生能源开发肯定是人类未来必须跨越的一座高山。

1982 年，日本和法国联合制作的系列动画片《太阳少年埃斯特班》讲述了主人公埃斯特班和朋友们寻找印加文明黄金国的冒险故事。在其中一部作品中，主人公们乘坐以太阳能为动力的神鹰飞行。利用太阳能做代替能源

寻找黄金国的神鹰

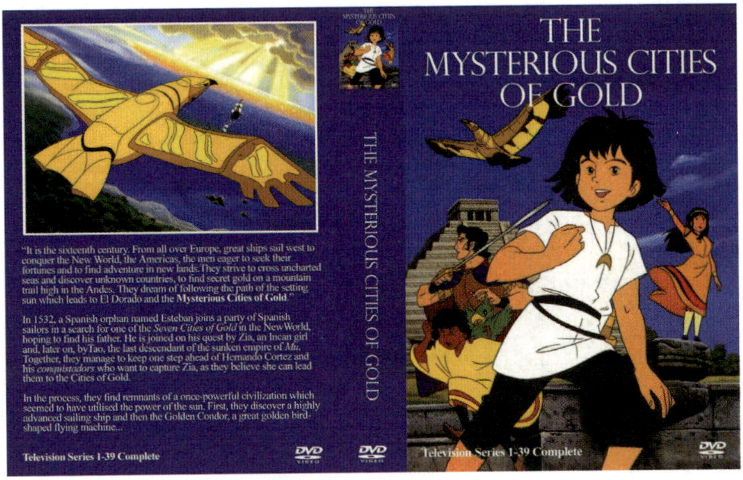

动画片《太阳少年埃斯特班》讲述了埃斯特班和朋友们寻找印加文明黄金国的冒险故事，主人公们乘坐以太阳能为动力的神鹰飞行

并不是最近才出现的，就像动画片中表现的一样，人类在开始建造房屋之前就懂得利用太阳能了。从古人类的房屋遗址来看，房屋一律朝南修建，以便更好地接受阳光照射。太阳能不会造成污染，数量无限，不用担心枯竭，可以代替人类使用的所有能源。把光能转化为电能的研究从19 世纪就已经正式开始了。1884 年，查尔斯·弗里茨发明了最早的光伏电池。

进入 20 世纪 90 年代之后，全世界太阳能生产的电力每年增长 17%，但大部分国家的太阳能发电量还不到电力生产量的 1%。因为收集太阳光和太阳热需要安装大规模的设备，而设备本身也会消耗大量能源，效率低下。1954 年，美国贝尔研究所研发的光伏电池生产 1 瓦的电需要花费 250 美元，现在这一费用已经降到了 1 美元。

由于各国政府的政策不同，研发水平的高低和太阳能发电技术的研发速度也不尽相同。1976 年，美国总统吉米·卡特在白宫的房顶上安装了太阳能热水器的电池板，对替代能源表现出极大热情。但到了受跨国石油公司资助的里根总统和布什总统执政时期，太阳能设备便被撤掉了，相关研究也越来越难申请到经费，不得不中断或缩小研究规模。但在占据全球太阳能市场一半以上的德国，因为要在 2020 年全面废除核能发电，所以当地正在积极推进太阳能设备装配计划，在最适合太阳能发电的撒哈拉沙漠建设大规模的发电厂。韩国也在快马加鞭进行光伏电池的研发工作，争取到 2030 年占据全球市场的 20%。

除了太阳能电池之外，还有两种具有代表性的太阳能研究。第一种是利用光催化剂把水分解成氧气和氢气，把分解出来的氢气用作燃料电池。第二种是模仿植物的光合作用，利用光催化剂还原二氧化碳，制成甲醇等燃料，即所谓的人工光合作用。

全球太阳能发电量和增加量

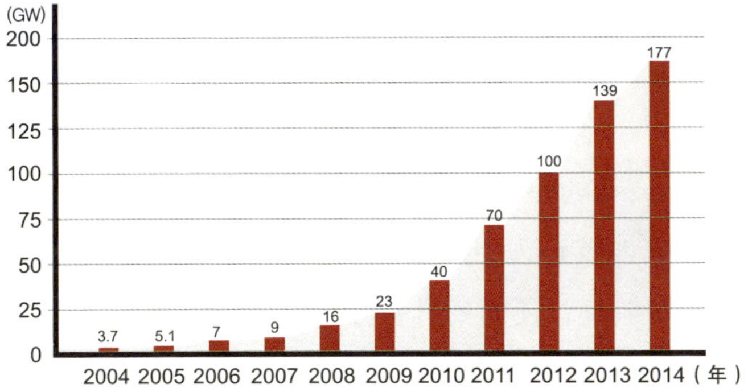

全球太阳能发电总量（2004—2014）

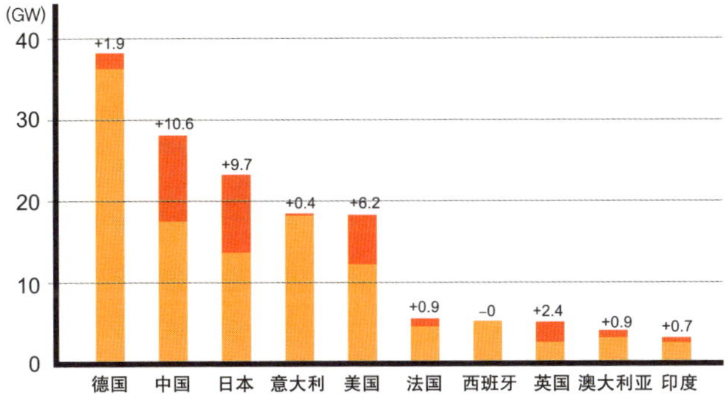

太阳能发电量增长迅速的国家（2013—2014）

2014 年，全球电力生产中可再生能源发电所占比例为 22.8%。在可再生能源中，水力发电仍占据主力，但太阳能发电的比重正呈指数增长。特别是德国在国家政策上大力支持发展太阳能发电产业，中国、日本、美国的太阳能发电产业最近也得到了迅猛发展利用光催化剂把水中分解出来的氢气用作燃料电池的方法可以解决汽车的燃料问题。氢气和氧气相结合生成水，同时产生热量和电力，在生产电力的过程中几乎不排放污染物，十分环保。但是，要把氢气从水中分离出来，需要投入大量能源，使用释放温室气体的天然气，因此它不可避免地被称为“化石燃料制造的环保能源”。此外，为了使用氢气，还需要具备分离氢气的电解装置、氢气的储存和运送设施、多用途的燃料电池发电机等。因而不能只靠科学技术研究者的努力，还需要民众和政府官员共同商讨解决。

人工光合作用是人类利用植物吸收太阳能，把水和二氧化碳转化为氧气和葡萄糖的光合作用原理，生产出对人类有用的碳水化合物的过程。人工光合作用可以生成氢气和甲醇，只排出水和氧气，不会造成环境污染问题。但植物光合作用的能量转化率为 30% ~ 34%，而现在人工光合作用的转化率只有 1%。如果想把人工光合作用商业化，太阳能的转化率需要达到 10% 以上。美国、日本、韩国的科学家们正在进行长期研究，争取 10 年内把转化率提高到 3%，50 年后可以取代一半的化石燃料。美国前总统奥巴马总把人工光合作用研究称为当代的阿波罗计划，德国的马克斯–普朗克研究所、日本的文部科学省都在积极开展这一研究。这是 21 世纪的绿色技术，被称为点二氧化碳成金的炼金术。如果这一技术商业化成功，将会在解决地球的能源问题上发挥重要的作用。

宫崎骏的动画片《风之谷》描述了工业文明崩溃一千年后的地球景象。主人公娜乌西卡在被释放毒气的霉菌和虫群包围的腐海长大，和族人借助海边吹来的海风得以存活下来。娜乌西卡和自然相互依存，阻止了人类的灭亡。但现实中的“娜乌西卡”生活在非洲马拉维的一个贫穷村庄里。少年威廉·坎宽巴因交不起学费早早辍学，干完活后去非政府组织帮助建立的村庄图书馆看书。有一次，他偶然看到美国小学科学教科书上有关能源利用的内容，下定决心要制作一架可以真正转动的风车。坎宽巴捡来坏掉的自行车车轮、链条、充当晾衣绳的电线、从生锈的拖拉机上卸下的排风扇，用这些东西制造了一架风车，终于可以利用风车发的电在夜里看书了。坎宽巴的村里安装了很多风车，风车发的电并不只是一种单纯的能源，它还给贫穷的村落带来了自由、希望和梦想。

虽然风力发电只占全球电力供应量的 1%，但 2006 年的风力发电量已经增长到 1995 年的 12 倍，发电成本也越来越低。风力发电只排放少量的二氧化碳，十分环保。各国政府正在积极研究把风能作为替代能源的方案。预计到 2030 年，风力发电在全球电力供应量中所占比率会上

坎宽巴的风车

坎宽巴是生活在非洲马拉维的一个少年，因交不起学费不得不中断学业。有一次，他偶然看到一本讲解能源利用的美国教科书，于是受启发亲手制作了一架风车。坎宽巴利用风车产生的电力在夜晚学习，终于实现了继续学习的梦想。全世界正在备受能源危机的困扰，这个故事为人类今后如何解决能源危机指明了方向

升到 30%。如果这一预测变成现实，会不会像坎宽巴的风车一样给人类带来希望呢？

但替代能源并非都环保或可以无限使用。光伏电池中含有有毒物质，风力发电站产生的噪声会给附近的生态系统和居民造成危害。水力发电需要修建水坝，造成生态系统紊乱，大量的水从蓄水池里蒸发，被认为是最为严重的水资源浪费。太阳能虽可以无限使用，但由于发电设备性

风力发电和光伏电池发电的成本

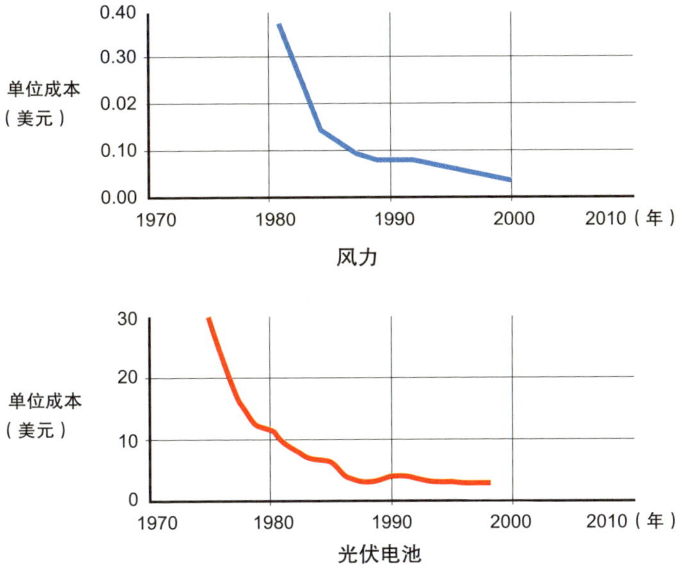

风力发电和光伏发电的成本都有了大幅下降，渐渐拥有了可以和化石燃料发电相抗衡的竞争力

价比低，作为替代能源有一定的局限性。那现在占比最大的替代能源是什么呢？多达80%的替代能源是植物、垃圾燃烧生成的生物燃料，其使用量最大，有关其是否属于环保能源的争议也最大。

生物燃料虽然可以防止家畜粪便、食物垃圾腐败后排出温室气体，但为了获取生物燃料，需要砍伐森林，在大规模的玉米种植过程中也需要使用各种燃烧化石燃料的设备，反而会增加温室气体的排放。此外，富裕国家把玉米、水稻、大豆、甘蔗、油菜、花生等植物生产的生物燃料用作汽车燃油，也引发了很大争议。2012年，由于持续的干旱，玉米减产，价格暴涨，引发了世界性的经济危机。生产生物燃料产生的污染虽然比化石燃料、核能发电少，但是否适合长期使用，还需要持续关注。世界上很多地方还有很多人没有足够的食物，挣扎在饥饿之中，而把粮食当作燃料似乎不太人道。

可再生能源如果想成为一种可持续能源，需要按照人口和工业发展的速度调整步伐。但至今为止，替代能源的技术开发和政策支持远远不如煤炭、石油、天然气。新能源和可再生能源的时代真的会到来吗？虽然几十年间已经进行了很多尝试，但要走的路还很漫长。不过令人惊讶的是，随着互联网的发展，能源革命正以一种出乎意料的方式展开。

新交流和社会发展

能源存储技术进一步发展之后可以形成一个交换剩余

能源的体系。例如把家、办公室、工厂、车辆等用网络连接起来，共享信息和能源，这被称作能源网络或智能电网。

在智能电网中，家中和办公室里都建有迷你发电厂，可以发电。小区内到处是汽车加油站那样的充电站。以前，家、办公室、汽车都是一个个独立的场所或事物，但通上电，连接上互联网之后，就能引发能源革命。就像在网上自由买卖书、尿布、钢琴、冰箱或其他二手物品一样，人们也可以在网上合理地买卖剩余的电力。简单地说，这个体系就类似住宿分享网站爱彼迎。如果首尔人要去法国巴黎旅行一个月，就可以把首尔空出来的房子放在爱彼迎的网站上，借给别人使用。这样从日本来韩国旅行的人可以借宿一周或十天。而去巴黎旅游的韩国人可以借住在去马来西亚旅游十天的巴黎人的家里一个星期。这样共享房屋之后，还可以通过把房子借给别人一个星期或十天，获得一定的经济收入。

同样，电动车晚上停车后不需要用电，剩下的电量就可以在网上卖给晚上开工的工厂。以后需要用电的时候，再用某座大楼生产的剩余能源充电。这样，城市里所有的车辆都变成了一个巨大的电力银行，可以随时调节电力需求，防止突然发生停电事故。也就是说，电动车变成了带轮子的发电厂，房屋变成了一座迷你发电厂。智能电网可以分享剩余或不需要的电量，变成一个出售能源的跳蚤市场。

智能电网同物联网一起发展。未来学家杰里米·里夫金主张在物联网发达的技术集约型环境中，创造一个边际成本接近零的社会。通俗地说，边际成本是指在生产或增加下一件商品或服务时需要投入的追加费用，如果边际成本基本上为零，生产下一件商品就可以几乎不花一分钱。

爱彼迎

全世界的爱彼迎会员可以自由地把自己空置的房间或整个房子放在租赁市场上。如果会员需要使用别的会员空置的房间或房子，可以用低于一般租金的费用入住。爱彼迎出现之后，一些酒店遭遇了长期危机。把这种体系运用在能源上，就形成了智能电网

现在，人们已经开始利用智能手机和计算机免费交换信息了。网上课堂慕课（MOOC）也正以很低的价格提供全球学者的课程。

有人担心进入智能电网时代之后，资本主义的利润会枯竭，引发资本主义危机，但是信息通信技术已经大幅地

降低了所有工业领域的交易费用。随身听、电子书出现之后，音像业和出版行业的交易金额降低，固守传统流通方式的企业遭受了重大打击，但是由于可以实时向全球顾客发送音频，音乐市场上掀起了韩流风潮，打开了个人出版和电子出版的新市场。专家认为利用网络可以减少卖场管理和服务费用，改变物流结构，从而减少消费者购买工业产品和农副产品的费用，提高整体生活质量。

在智能电网普及之后，家、办公室、工厂、车辆之间相互连接，可以随时根据能源需求的变化合理分配电量。例如，如果天气持续高温，突然增加空调的使用会造成停电事故，这时智能电网体系可以向家里洗衣机上的传感器发送信息，收到信息之后，洗衣机可以把预设的漂洗三次改成漂洗两次。

智能电网可以应用于化石燃料系统，但在可再生能源系统中效果更加明显。在智能电网中，人人都是能源生产和消费的主体。在可再生能源系统中，权力分散，大家相互合作。可再生能源并不只分布在特定地区，有人类生活的地方都能找到合适的可再生能源。撒哈拉沙漠可以利用太阳能，朝鲜半岛的西海岸可以利用潮汐，济州岛和大关岭可以利用风能。未来可以在高楼大厦和每家每户的房子上安装迷你太阳能发电站，这些发电站的运营主体不是某些特定的大企业，而是在路上和我们擦肩而过的普通人。

在人类历史上，谁能掌握能源的生产和流通，谁就拥有权力。在化石燃料时代，能源企业拥有权力，在智能电网时代，任何拥有能源的人都拥有权力。在大楼、公寓、学校的屋顶上生产能源的人，出售自己电动车上剩余电量的人，都是新的权力阶层。拥有权力的人可以在能源跳蚤市场上买卖电力。一个不同于化石燃料时代的新时代到来了。

在时间、空间的制约下，在希腊雅典的广场上讨论政治的市民拥有的政治权力越来越少。市民们接受了权力阶

物联网

物联网是指物体安装传感器之后，无须人类介入，物物之间可以通过互联网实时传送数据的技术或环境。例如车辆在通过高速公路收费站时，高速通行终端机和收费终端机相互感应，自动收取通行费用。咖啡厅或折扣超市在消费者进入时，会向消费者的智能手机推送优惠券，并通过大数据向消费者推荐合适的产品。我们不仅要开发用于物体内部的芯片，还要开发可以植入人体的芯片。通过这个芯片，系统里的人和物可以确认一个人的身份信息、账户等金融交易信息、遗传基因等生物信息、疾病及诊疗记录等医疗信息。

层所谓的间接民主主义体制代替直接民主主义体制的论调。一般市民可以参加投票选举，但并不真正地拥有权力。卢梭曾经嘲讽：“市民只在选举时是自由的，其余的时间都过着奴隶般的生活。”

如果没有把美国国防部专用的高级研究计划局网络改造成一般人可以使用的互联网技术，就不会有谷歌、脸书、贝宝、亚马逊、阿里巴巴等企业的成长。互联网引发的数字革命让人们对行使权力有了新的认识。

数字革命之花在智能手机的世界里绚烂绽放。虽然数十年前没有一个未来学家曾预测到人可以把世界握在手中，但今天智能手机正在创造出新的工作岗位，成为经济增长的动力。软银集团的孙正义曾说过，现在人类不仅有左脑、右脑，还有外脑。以前人类为了获取新信息需要遗忘旧信息，因为人们如果想记住所有通过眼睛、鼻子、耳朵进入人脑的信息，那么任何信息都无法记清楚，现在却是想忘也忘不了了。2014 年，欧洲一名网友起诉谷歌，让其删除自己的相关记录，欧洲法院裁定网友拥有被忘记的权利。现在这个时代，人类连遗忘都需要通过打官司争取。

在智能电网时代，众多直接生产能源的“米开朗琪罗”将会引发前所未有的社会革命。正如米开朗琪罗绘制《创世记》一样，以后能源的生产者也将成为绘制新世界的画家。

可再生能源和互联网的结合并非只改变了能源体系，还改变了政治、经济、社会、文化、艺术的结构。首先，能源造成的贫富差距将会缩小。现在，世界上仍有五分之二的人每天的生活费不足 2 美元，他们无法自由地使用化石燃料，生活贫困。晚上有些孩子可以在电灯下学习，但有些孩子却没有这种条件，这一差异必然会影响孩子的未来。但世界上最贫穷的地方也有适合当地利用的可再生能源。如果通过政策支持和国际合作，给穷人提供小额贷款，建设小型发电厂，那么白天要去 4 千米以外的地方打水的孩子也可以在晚上读书了。

其次，智能电网时代不会引发全球竞争，反而会增进人们之间的合作。在以可再生能源为基础的智能电网中，人们为了出售多余的能源，获取不足的能源，需要形成一种合作的关系。而这种关系一般建立在自己生活所在地的人们之间，而非那些跨越重洋、远在海外的人。家旁边建设的太阳能迷你发电厂，或是邻近地区和国家还有多少剩余能源、还缺多少能源，这些信息更加重要。因此，杰里米·里夫金认为，世界正从“全球化”时代进入“洲际化”时代。

在智能电网时代，权力分散，人们相互合作，而农村农业、都市农业、汽车共享服务将从根本上改变“拥有”的概念。在智能电网时代，可再生能源的信息交流可以左右人类的生存。分散在各地的太阳能、风力、水力、地热、生物能源、潮汐等能源可以通过智能电网收集起来，进行合理交换。为了把这一能源体系持续发展下去，需要形成一种民主的合作形式。从此，政治不再有进步和保守之分，而是分为中央集权的权威型政治和分散合作型政治。因为在智能电网时代，能源的需求者随时可能变成能源的供给者，相互信任十分重要。为了继续生活，形成可持续的能源体系，通过真诚沟通促进相互理解和相互合作就变得十分重要。

3

科技创造未来

在埃及神话里，斯芬克司长着人的面孔、狮子的身体。这个吸引古代人的半人半兽神话与我们现在所说的半机器人十分相似。半机器人的英文“cyborg”由意为控制论和有机体的缩略语构成，指除了人脑之外，其他部分都是机器的半机器人。电影中的机械战警就是具有代表性的半机器人。

半机器人似乎只会出现在科幻小说和电影里，但由于可以用来提高残疾人或病人的身体机能，相关技术得到了不断的发展。发达的机械装置可以让脊髓瘫痪的患者重新行走，还可以让心脏功能衰竭的病人生存下去，甚至连脑死亡的病人也可以依靠生命维持装置维持呼吸和心跳。可如果安装了假肢的运动员取得了比普通选手更好的成绩会怎么样呢？德国的残疾跳远选手马库斯·雷姆创造了惊人的跳远纪录，但因其高科技假肢而备受争议。

人类再健康，也没有熊的力量大，没有猎豹跑得快。克服身体缺陷的机械装备当然也受普通人的青睐，特别是在战场上，拥有钢铁侠一样能力的军人威力无穷。科学技术正在飞速发展，它应该被允许运用到何种程度，仍然是人们争论的焦点。

最终，科学技术还是会改变我们的生活。正如智能手机出现之后，世界变得完全不同一样，随着科学的发展，人类的局限必将逐渐减少。20 年后我们生活的世界将会变成什么样呢？我们需要思考一下人类在登上新的进化舞台后会面临哪些变化，引发什么伦理和政治问题。

生命科技的双重面孔

以前，“设计”一般局限于平面设计、视觉设计、工业设计等美术相关的领域。但随着时间的推移，渐渐扩大到建筑设计、服装设计、室内设计、发型设计、书籍设计、健康设计等几乎所有的领域。如今生物技术发展迅速，出现了全新的生命设计领域。或许在不久的将来，人们会举办展览会，从审美角度评判科研人员设计的生命体。

“一切生命来源于卵”，这种说法认为所有生命体都来源于已有的生命体。那地球上最初的生命来自何处呢？对此一般有三个说法。第一种认为生命是神创造的，第二种认为生命是地球进化的结果，第三种则认为是由来自外星的生命种子进化而来。

过去大多数人认为最初的生命由神创造。他们认为生命被创造之前已经出现了神。在希腊神话中，普罗米修斯用泥土捏出人形，雅典娜吹气让泥人拥有了生命。基督教认为上帝按照自己的样子用泥土捏出了最初的人类亚当，然后用亚当的一根肋骨创造了最早的女人夏娃。

而科学家们以事实为依据，通过多种实验，对生命的起源提出了不同于这些神话和传说的新假说。一是认为在远古地球上有机物汇聚的“原始汤”或深海热液喷口出现了非常简单的生命体，二是认为生命由来自外星的生命种子进化而来。对于生命的起源，至今仍没有准确的说法。

不过，人类作为生命创造者的时代即将到来，以后某些生命体会在实验室被制造出来。这一新时代将建立在基因工程、合成生物学、基因编辑技术等科学技术的基础之上。

合成生物学把工学引入生命科学之中，重新设计自然界中存在的生物体系或是人工创造出自然世界里并不存在的生物体系，像玩乐高一样，组合各种生命零件，创造出自己需要的新生命体。

基因工程是把一部分有用的遗传基因挑出来放入母细胞内，以获取需要的物质。合成生物学已经超越了单纯的组合遗传基因的水平，达到了人工合成DNA，创造新有机物的阶段。如果说基因工程类似于在小区汽车维修部里往汽车上加些新零件或新功能以改装车辆，那么合成生物学就是在汽车工厂里生产一辆全新的汽车。基因工程产生的是量的变化，而合成生物学则是质的变化。合成生物学家正在书写和过去完全不同的生命史篇章。

17世纪中期，英国的科学家罗伯特·胡克用显微镜发现了软木中的细胞，19世纪下半叶出现了查尔斯·达尔文的进化论和孟德尔的遗传定律，确立了看待生命体的现代视角。1953年，沃森和克里克发现了DNA双螺旋结构，又揭掉了遮盖生命体原貌的一层面纱。20世纪70年代，人们发现了只切除DNA特定碱基序列的限制酶（限制性内切核酸酶）和重新连接DNA碎片的连接酶，基因重组技术发展起来，从此进入了合成生物学的时代。

21世纪初期，美国、英国等一些国家完成了解读人类基因信息的人类基因组计划。如果人类能够解读各种生命体的基因，就可以把各种遗传信息的碎片组装在一起，创造出新的生命体。最终，2010年主导人类基因组计划的科学家克雷格·文特尔首次合成了人工细胞，合成生物学一时成为学界的烫手山芋。

人们也期待通过探索人工合成生物的过程，破解地球上生命诞生的秘密。特别是环境开发、粮食、医疗领域的合成生物学技术，有望解决人类面临的共同问题。克雷格曾断言：以后道路上疾驰的汽车燃料箱里不会再有汽油和天然气，而是会装满微生物，从而解决全球变暖问题。从石油中提炼出尼龙的杜邦公司 2009 年以从玉米中提炼出来的糖为原料，配合酵母和细菌制造出生物纤维索罗那（Sorona）。这种纤维被洒上咖啡也不会留下污渍，生产过程中排放的温室气体也比现有的纤维少，因而被认为是一种绿色环保的生产工艺。

此外，随着基因工程的发展，人类可以培育出不易腐烂的西红柿、对除草剂有耐药性的大豆、不易遭受病虫害的玉米、营养价值高且个头更大的鲑鱼等，给深受粮食不足困扰的第三世界国家带来了喜讯。人类有望通过科学技术的力量解决饥饿和营养不良问题。

在医疗领域，人类已经成功利用大肠杆菌或酵母菌合成了胰岛素等免疫治疗药物。2015 年，中国的屠呦呦获得了诺贝尔生理学或医学奖，她发现中药材黄花蒿中的青蒿素可以有效地治疗疟疾，合成生物学家们把从黄花蒿和酵母菌中提取的部分基因植入大肠杆菌，实现了青蒿素的

生物技术的产物

GM（转基因）鲑鱼和一般鲑鱼（上）。与一般鲑鱼相比，GM 鲑鱼个头更大，营养成分也要多出两倍以上。下图中牛仔裤的原料是杜邦公司用从玉米中提取的糖制成的索罗那

批量生产。在这一领域，最令人期待的是研发出只切除癌细胞的人工微生物。现在的许多治疗手段和药物会同时攻击正常细胞和癌细胞，如果这类技术得到进一步发展，癌症患者将有望摆脱现有疗法带来的痛苦。

基因编辑技术

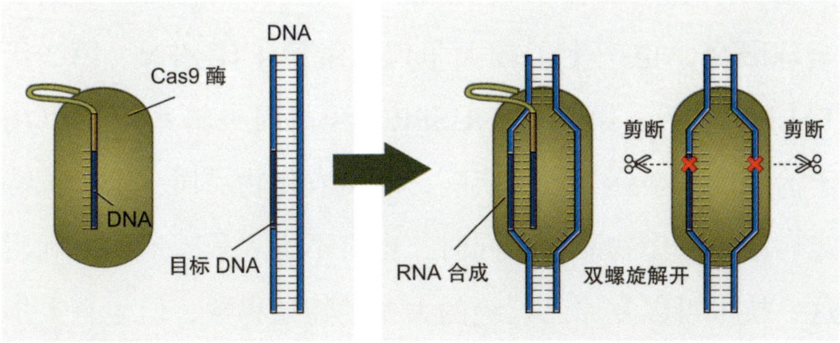

人类发现了被称为基因剪刀的限制酶，它可以识别并剪切 DNA 的特定碱基序列，从而发展出了基因编辑技术。一部分细菌的遗传基因受到噬菌体的攻击之后，CRISPR-Cas 系统可以剪断噬菌体的 DNA，从而建立起免疫系统。利用这一原理，可以在 RNA（核糖核酸）的指导下，寻找到目标 DNA 序列，准确地剪去相应部分，然后在剪去的部位插入新的 DNA 序列，从而矫正遗传基因

虽然我们不是什么专家，但通过报纸、书籍、广播、电影等也可以了解到剪辑的重要性。通过剪辑可以有效地向读者和观众传达信息，让观众欣赏到更加有趣的电影。现在，这种剪辑技术已经被运用到了生命科学领域。

2015 年，《科学》杂志把“CRISPR-Cas 基因编辑系统”评为十大科学突破之首。该技术可以让任何人以低廉的价格剪辑遗传基因，和合成生物学一起扩大了生

命创造的舞台。中国科学家黄军利用被称为“第三代基因编辑系统”的技术成功矫正了人类胚胎基因，受到了全球瞩目，也产生了较大争议。继第 1 代 ZFN、第 2 代 TALEN 之后，第 3 代 CRISPR-Cas 基因编辑系统可以用于治疗疑难杂症等各种疾病，改良农作物品质，培育抗特定病菌的农作物品种。同时，也有不少人乐观地认为利用这一技术可以复原已灭绝的大型动物猛犸象，但也有人担心这一技术会被用来培育完美宝宝，引发了多方争论。

“能力越大，责任越大”是电影《蜘蛛侠》中的一句经典台词。基因编辑技术不仅为开发基因治疗药物提供了新模式，与合成生物学融合之后，还可以创造出具有特定功能和物质的动植物，具有无限的可能性。但由于合成生物学和基因编辑技术威力巨大，需要担负的责任也十分重大。下面我们就从生物安全、生物安保、生命伦理等方面大体分析一下。

第一，生物安全指危险物质暴露在外界时对人类和生态系统产生的影响。很多人认为转基因技术创造的生命体会扰乱生态系统。虽然很难在短期内察觉到对生态系统的副作用，但是合成生物技术日新月异，负面影响不得不令人担忧。

第二，如果故意把细菌或有毒物质释放到生态系统中，可能会产生传染病等问题。现在的技术可以复原出历史上曾让人类遭受巨大损失的传染病病毒或细菌，也可以组合这些病毒或细菌，给人类造成更大的伤害。虽然目前生物科技企业都自行制定了方针，启动了防止外部入侵的监视网络，但谁也无法保证能否有效地控制合成技术。更为可怕的是，拥有基因技术的企业可能会恶意使用这一技术，故意传播传染病，从而出售自己生产的疫苗以谋取利益。在 2008 年的《禁止生物武器公约》缔约国会议上，与会各方就曾担忧会发生滥用合成生物学技术的事件。

第三，人类究竟可以在何种程度上介入生命的创造，介入之后能否维持人类的尊严，合成生物学技术和基因编辑技术会引发诸如此类有关生命伦理的争论。举一个典型的例子，如果通过基因检测，查出胎儿患有遗传疾病，可不可以选择堕胎？人们围绕这一事件展开伦理讨论。对于电影《千钧一发》（又译《变种异煞》）和赫胥黎的《美丽新世界》中出现的定制婴儿、根据遗传基因划分阶级的人权问题，我们尚未准备好解决方法。尽管如此，科幻电影和小说中的内容不知不觉间已经在生活中变成了现实。2016 年，英国卫生与社会保健部批准，可以把基因编辑技术用于健康人类胚胎的研究。在此之前，使用相关基因技术治疗遗传病或严重疾病的行为早已被默许。但把健康人的遗传基因、未出生的胚胎作为实验对象，不仅会引起伦理上的争议，也是对民主主义的挑战。因为借助基因工程技术诞生的超能力人类会损害《世界人权宣言》中人人平等的原则。

《人类简史》的作者尤瓦尔·赫拉利认为，智人在生物技术、机器人工程学、无机生命工程学上取得的发展，可以将38亿年间地球上所有生命体遵守的自然选择法则改为智慧设计法则。基因工程学家通过动物实验延长了昆虫的寿命，并掌握了可以改善记忆和学习能力的技术。未来通过这种方式，不仅可以延长人类的寿命，治疗一些不治之症，还可以使正常人的能力变得更为优秀。这类技术一旦变成现实，人类就可以通过金钱来提升自身的能力。这样一来，穷人即使有天赋，也追赶不上那些借助技术提升能力的富人。此外，善于利用这些权利的人和不善于利用这些权利的人将被轻易地区分开来，造成更严重的不平等。

考虑到这一点，伦理学家和法律专家有必要探讨一下DNA的隐私问题。我们能否向根据遗传基因收取不同保险费的保险公司和要求获取个人DNA信息的企业提起诉讼？对于新开发的人类超能力，科学家是否可以认定自己对其拥有所有权？尽管科学家和普通民众议论纷纷，但合成生物学和基因编辑技术仍会在政府或大企业的支持下持续进行下去。因为在历史上，科学技术都是在论证中持续发展而来的。

不过，合成生物学家并不是第一次对生命体进行重新设计。1 万年前，人类把植物改良成农作物，把动物驯养成家畜时，也稍微改变了生命体的面貌。把野生的狼驯化成狗，把野生的植物改良成人类可以食用的玉米、水稻、小麦。以此类推，合成生物学家所创造的生命，也可以被看成生命体长期进化的自然结果。但 1 万年前是生命体内部的变化，主要依靠植物或动物个体的基因突变这种偶然因素，而非人力。现在却是人为地在不同物种之间，甚至跨越了动物和植物的界限，创造基因突变，两者在这一点上有很大不同，我们不能忘记自然选择和智慧设计存在本质区别。

人类 vs 人工智能

变化有快有慢，我们通过比较过去和现在一年内的变化就可以知道这一点。人类最初使用的石器历经 80 万年都没有得到改进。1 万年前从事农耕的智人和 300 年前的农民，一年之中的生活方式也几乎没有什么改变。但现在一年之间可能会发生沧海桑田般的变化。现在一年之内的变化比过去几十万年发生的变化都大。从出现最初的生命到出现细胞历经了20亿年，而从个人计算机被发明出来到万维网的出现不过十几年的时间。虽然我们在不断进化的历史中存活了下来，但为了将来能够持续生存下去，需要时刻对超越进化速度的世界变化保持警惕。

每年年初，世界各国的政治经济领袖都会会聚到瑞士小镇达沃斯开启论坛。2016年，以“第四次工业革命：转型的力量”为主题，进行了四天的热烈讨论。第四次工业革命是指融合了现有制造业和新兴信息通信技术而产生的革命性变化。第一次工业革命主要由蒸汽机、铁路、煤炭、印刷术构成，第二次工业革命由电力、大规模生产系统、石油、电视、电话构成，第三次工业革命由互联网、社交网络构成，第四次工业革命由无处不在的移动网络、更便宜更小更敏感的传感器、人工智能和机器学习组成。

仔细观察第四次工业革命的主要技术，可以预测未来将如何发展。第四次工业革命网罗了物联网、人工智能、机器人学、纳米技术、3D打印技术、大数据、无人机、无人驾驶汽车、智能穿戴设备、区块链、移动平台、基因编辑技术、合成生物学等物理学技术、数字技术、生物学技术，而且各种技术正以惊人的方式进行融合，创造出新的技术和文化。众多学者认为，人工智能会成为第四次工业革命的代表性技术。

2016年达沃斯论坛发布的《未来就业报告》预测，随着机器人和人工智能主导的第四次工业革命的发展，未来5年内将有超过710万个就业岗位消失，而只有200万个新工作岗位被创造出来。从数字上我们就可以得知第四次工业革命将会给人类带来巨大的危机。达沃斯论坛的主席克劳斯·施瓦布担心中产阶级会因此消失，民主主义也会陷入危机。不过，按照比尔·盖茨的想法，人类从此无须再做辛苦的单纯劳动，可以利用剩余的时间进行创新。

区块链

交易在被记录和批准之前，需要得到网络上参与者共同认证的一种保护协定。在这个使用者共同制作的系统中，使用者之间互不认识，也没有第三方管理或行政机构的介入。虚拟数字货币，例如比特币，可以在区块链中进行金融贸易。

之前很长一段时间，我们都认为人工智能只会出现在科幻电影里，虽然有趣，但不会真正影响和掌控我们的生活。但在2016年观看了谷歌DeepMind（深度思考）研发的人工智能阿尔法围棋和李世石九段的围棋对决之后，人们大吃一惊。人类和机器的对决终于拉开了帷幕。人们担心终有一天机器会对人类造成威胁。未来学家雷·库兹韦尔预测，2045年将会出现超过所有人类大脑智能的超级人工智能，到时宗教会进入博物馆，死亡将变得罕见。但真的会像雷·库兹韦尔主张的那样，在一代人的时间内就能制造出超级人工智能吗？不知道会不会像他说的那样发展，但无法否认人工智能时代即将到来。

人工智能大约有三个发展阶段。第一个阶段是可以解决特定问题的弱人工智能阶段。人类提出问题，人工智能做出相应的回答。例如，在门户网站中检索“法国巴黎有哪些餐厅”，门户网站，也就是人工智能会提供介绍巴黎餐厅的博客、社区论坛、旅行社的详细信息，从而帮助检索者把握整体的脉络。询问苹果手机上搭载的智能语音助手 Siri“今天天气如何”，Siri 便会准确地用气象局提供的信息回答。2014 年向 Siri 询问了今天的天气之后，如果追问“明天呢”，Siri 便理解不了。因为虽然人类知道这句话是在询问明天的天气，但弱人工智能还理解不了。不过，在 2015 年发售的苹果 6S 上搭载的 Siri 可以准确地把握“明天呢”这一追问的含义。不过，这一阶段人工智能的出色表现还只局限在某些特定领域。如果向战胜了李世石九段的人工智能阿尔法围棋询问硬盘的保管方法，阿尔法围棋就理解不了这句话的意思。阿尔法围棋可以按照人类设置的算法下象棋或围棋，但不会做其他事情。因此，没有必要过早地担心出现了阿尔法围棋，人工智能就开始支配人类了。

第二个阶段是拥有人类的智力水平，可以理解和解决多种问题的强人工智能阶段。这个阶段的人工智能可以理解情感。向冰箱内置的人工智能询问：“今天吃什么啊？”冰箱会回答：“今天这种天气吃泡菜汤怎么样？”冰箱为什么可以这么回答呢？因为冰箱和主人一起生活，已经了解了主人的性格特点，知道主人一到雨天就情绪低沉，喝点儿辣泡菜汤，心情会变好。如果冰箱进一步进化，当主人问“今天吃什么啊？”时，冰箱可能会默不作声，因为冷风嗖嗖的深秋，冰箱也忧郁了。再进一步进化，冰箱还会故意说谎。

会说谎的人工智能也会写诗，写诗是人类发挥最高创造性的阶段。在 2016 年日本经济新闻社设立的“星新一文学奖”中，已经有两篇人工智能创作的小说通过了比赛的初审。

> 那天乌云密布。
>
> 房间里的温度和湿度都与往常一样十分舒适。洋子随意地坐在沙发上玩着无聊的游戏打发时间，没有和我说话。
>
> 无聊啊，无聊也没办法。
>
> 在我刚来到这间屋子的时候，洋子总会找些话题跟我聊天。

“今天晚上吃什么好啊？”

“当季流行什么衣服？”

“这次同学聚会穿什么去好啊？”

我绞尽脑汁说些迎合她心情的话。她的衣服款式一般，对她的装扮提建议非常具有挑战性。但是还不到三个月，洋子就对我厌烦了。如今的我，对她来说只是个电脑罢了。

（中略）

对了，要不我尝试写小说吧。刚冒出这个念头，我就打开了一个新文档，写下了最初的一个字节。

0

很快，我又写了几个字节。

0，1，1

已经停不下来了。

——节选自通过 2016 年日本“星新一文学奖”初审的人工智能创作的小说《机器人写小说的那一天》

金英夏在《阅读》中提到，“从进化心理学的角度看，阅读小说首先是为了对他人保持警戒，从而深刻省察自身的兽性和破坏性”。如果人工智能小说家可以写出审视自身兽性和破坏性的小说或诗，那人类还会在什么领域拥有独一无二的地位呢？这不得不令人担忧。十几年前，杰里米·里夫金在《工作的终结》中曾预言随着科学技术的发展，人类的工作岗位必然会减少。工业化初期曾发生过破坏机器的卢德运动，强人工智能出现之后，人类也会发动抵抗人工智能的运动。

不过，强人工智能并不会被轻易地创造出来，不知这是人类的不幸还是万幸。弱人工智能只要了解人脑功能就可以开发出来，但要创造出强人工智能，则需要进一步了解人脑产生情感、进行创新和自我发现的作用机制。至今为止，我们尚不能准确地了解喜悦和悲伤是如何从大脑中产生的，心情又是如何存在的。我们只有准确地了解自己，强人工智能才可能被创造出来。

第三个阶段是智商超越人类的超级人工智能阶段。到了这一阶段，人工智能将在各个方面碾压人类。人工智能的社交和组织能力、创造性解决难题的能力都比人类优秀几十倍，甚至几千几万倍。许多人质疑这一时代能否到来，却被电影真实地描绘出来。《奇点临近》的作者雷·库兹韦尔预测 2045 年就会出现超级人工智能，这让人类既恐惧又期待。按照他的观点，人类和人工智能相结合之后，人类现在无法解决的全球变暖、能源枯竭、恐怖袭击以及战争问题都可以得到完美解决，会取得超乎想象的巨大发展。不过，比尔·盖茨、埃隆·马斯克、斯蒂芬·霍金却担心人工智能可能会蚕食人类。

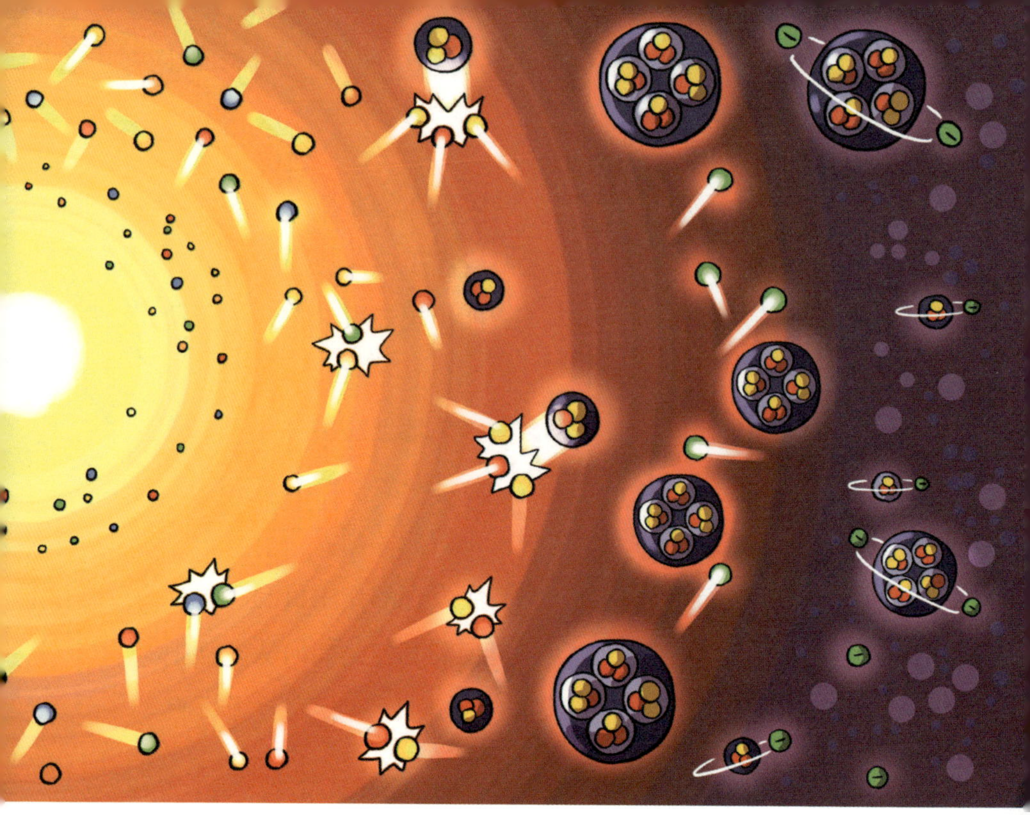

物联网时代

使用智能手机就像戴眼镜，可以让人更好地看清这个世界。用手指简单地触摸几下，就能知道英语单词的意思；去国外旅行，可以轻松地找到从没走过的路。无论是在地铁、卫生间、餐厅、KTV、教室里，还是在床上，我们都是手机不离手。

谷歌眼镜之类的智能穿戴设备也是一直连接在人体

上。人类渐渐地变成了机器。机器不仅在人体外面，也在人体内扎下了根。去牙科补牙，去外科置换人造关节已经十分普遍。机器一个接一个慢慢地在人类体内安营扎寨。

如果技术进一步发展，比头发丝还细的纳米机器人可以在人类血管里摧毁引发高血压的血栓。分子大小的微型胶囊装上治疗药物被注入人体之后，可以沿着血管，准确地攻击癌细胞，如果出现这种专业的医疗器械，人类就有可能征服癌症。这些分子机器在血管里可以利用磁体寻找方向，瞄准有害细胞进行射击。而那种需要开膛剖腹，治疗损伤器官的手术只能在医学博物馆中看到。

如果可以找出影响人类寿命的基因，人类就可以通过各种方式延缓衰老，甚至实现逆生长。干细胞被称为人体器官百货商场，未来或可以替代老化的器官，人类可以运用基因疗法像修自行车那样修理老化的基因。1750 年，人类的平均寿命还不到 40 岁，当时伦敦有三分之二的孩子活不到 5 岁。但如果出现了基因疗法，60 岁的花甲寿宴就会变成小孩子过家家一样的游戏。

以前人与人之间、人与机器之间需要通过网络进行沟通，但在物联网时代，被植入传感器的物品，即机器之间可以通过网络直接沟通，使人类的生活更加便利。梳头或刷牙的时候，隐藏在各处的芯片可以诊断出多种疾病或癌症。人类被机器包围，难以分辨出人和机器。物物沟通产生的大数据不仅可以为了解消费者购买倾向的企业创造出巨大的附加价值，在能源、医疗、治安、国防等领域也会创造出新的信息，给分析这些信息的主体提供无限的新机会。

在物联网商业化的智能工厂里，机器之间通过相互交流信息，可以创造出最合适的生产流程。一般来说，产品只有生产出来之后才能确认是否合格，但如果在生产的每

纳米技术

把某种材料制成纳米大小（即十亿分之一米左右）的粒子之后，便可以控制其特殊的属性。纳米技术利用超微细的纳米材料所具有的物理、化学属性，可以合成或组成其他物质，还可以进入物质内部，观察内部出现的反应和特性。用比细胞还要小得多的纳米针可以了解细胞内部的状态，控制细胞的反应。为了让大家更容易地了解在纳米单位中如何调整物质，我们可以把一个高 1.7 米的人体扩大 25 万倍，变成 425 千米高。1 纳米扩大 25 万倍就变成 0.25 毫米，相当于一个身高为从首尔到釜山的距离的人用一个沙粒大小的部件制作东西。纳米技术可以运用于生命科学、信息通信、替代能源等几乎所有领域。碳纳米管被发现之后，已经被应用在半导体、电池、电视等领域。运用纳米技术，用 DNA 或有机物制作计算机的研究也在进行之中。现在的纳米技术已经可以研发出比红细胞还要小的纳米机器人。医疗领域正在进行相关研究，希望纳米机器人可以在人体中随血流移动，找到病原体，直接破坏病灶。纳米技术有着无限的可能性，但纳米技术将如何改变世界，尚无法预测。

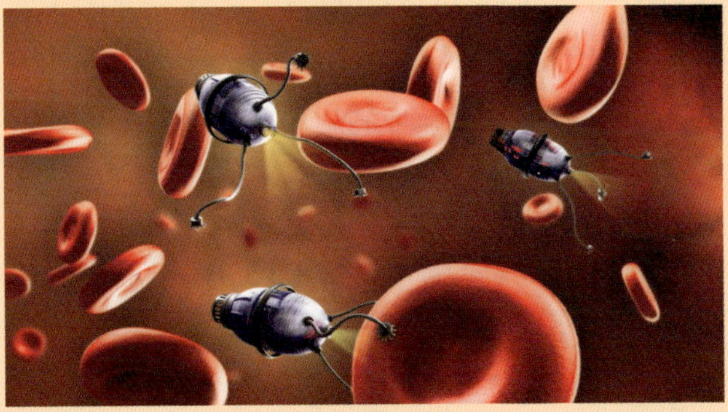

纳米机器人分析细胞的假想图。纳米技术的一个发展目标就是制造出纳米机器人，可以找出并杀死癌细胞，又不会对正常细胞造成伤害，这一梦想不久将会变成现实

个阶段都安装上智能传感器，哪个阶段出现问题就可以马上和上一个阶段的智能传感器联系，纠正生产过程，从而降低生产费用，提高生产效率。

大家可以想象一下物联网日常化后的生活。王洛通是世界航空公司的总经理，一大早就要参加一个重要的会议，但是昨天晚上陪外国客户应酬到很晚才睡，很难一大早起来。王洛通手腕上的智能穿戴设备一直在检查他睡眠中的身体状态，以便让王洛通在合适的时候起床，既不会耽误开会，身体的疲劳感又最少。7 点 38 分，床上的传感器接收到智能穿戴设备传来的信息，叫醒了王洛通。以前他都是被智能手机的闹钟乐曲《致爱丽丝》叫醒，现在床可以柔和地按摩身体，让双眼自然睁开，还可以根据身体状况自动调节家中的照明和温度。王洛通在卫生间小便时，便器上的传感器可以检查他的身体状况，通知厨房咖啡机上的传感器，调节咖啡的浓度。王洛通坐在沙发上喝咖啡，全息显示器可以根据他眼球的活动把重要的新闻概括出来，并播放海外部门准备好的会议资料。刚出家门，家里的照明和控温系统都自动关闭电源。王洛通坐在无人驾驶汽车里，行驶在车辆最少的道路上，途中还可以欣赏一部片长 25 分钟的新电影。

物联网时代的生活比之前最好的生活还要上一个档次。运用好物联网，可以提高生产效率，大幅提高利润。

物联网市场越大，生活越便利，当然也会减少很多领域的工作岗位。虽然我们可以更好地维持身体健康，享受舒适的购物，但我们的生活被物联网系统左右的可能性也越来越大。

此外，身份证号码、身体和医疗信息之类的个人信息被泄露和滥用的危险也增多了。在出台相关法律和法规之前，人们不得不承受相应的损失。为了解决各种问题，强化信息监管，西方世界定义的自由和人权又会受到损害。

隐私可能会被严重侵害，医疗机器人的一个小失误也会造成生命危险，而那些无法享受物联网好处的穷人，可能永远也翻不了身。

人类渐渐变成机器，机器渐渐变成人类

人工智能不仅会给人类带来生活的便利，也会抢走人类的工作岗位，夺走人类的优越地位，拥有支配人类的力量。我们周围有不少因人工智能而消失的工作岗位。10年前，小区附近的银行柜台大约有10名工作人员。现在人们都不怎么去银行，柜台工作人员也减少到了2名左右。10年之间，那8名工作人员到哪里去了呢？他们被银行电算网络中的人工智能取代了。保险和信用卡公司的咨询电话，一般也是人工智能接听，还会不厌其烦地一遍遍确认是借款，还是挂失信用卡。

在查理·卓别林的电影《摩登时代》里，有的工人一天到晚只负责拧螺丝。现在，这种工人已经被人工智能机器人代替了。那么，富有创造性的工作就不会被人工智能取代吗？

其实不然。国外已经有几家媒体开始用人工智能记者写天气预报和体育新闻了。随着科学技术的发展，医生诊断病情的作用也会弱化。而这里说的科学技术就是指人

工智能。腰痛的话，不管去中医院还是去大学附属医院的外科，都需要经过医学机器的专门检查，医生才能做出诊断。5 年前，医生还会看着磁共振成像或计算机断层扫描的片子对病情进行说明，现在拍完之后，机器可以清晰地给出写有病症名称和治疗方案的诊断单，医生只需把印刷品上尚有余温的内容读出来。由于人工智能医生的性能在不断提升，人类医生的位置也会渐渐消失。2014 年，IBM 的人工智能系统沃森在美国临床肿瘤学会上给一名白血病患者制订了治疗方案，其准确度高达 83%。

以前人们认为当上律师就可以保障一生衣食无忧。但美国已经出现了人工智能律师代替人类律师的情况。有论文比较了人工智能律师和人类律师的胜诉率，人工智能律师的胜诉率反而更高。因为现实中大部分的诉讼集中在诈骗、名誉权方面，这类诉讼资料已经被大数据处理和综合分析过了，而人工智能律师在记忆力和收集信息方面比人类更为出色。人工智能律师正在一点点地蚕食法律领域的工作岗位。

工业化开始后，工厂开始解雇工人，使用机器，导致工作岗位严重不足。那时工人们认为是机器抢走了自己的饭碗，发动了破坏工厂机器的卢德运动。随着时间流逝，抢走工人工作岗位的机器越来越多，反过来也出现了操控这些机器的工作岗位。新的科学技术创造出了新的工作

从事专门职业的人工智能

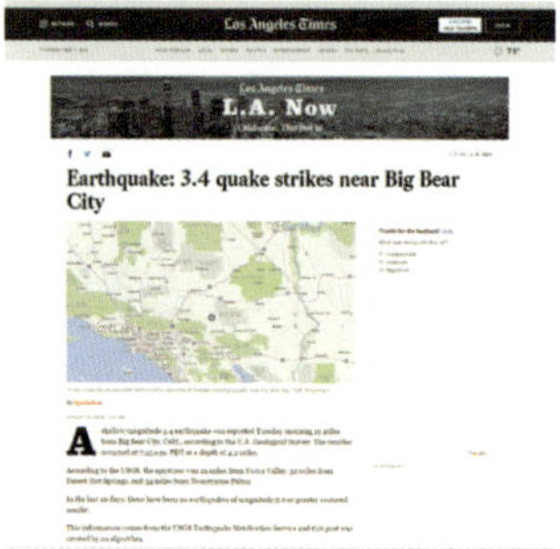
Los Angeles Times

L.A. Now

Earthquake: 3.4 quake strikes near Big Bear City

人工智能已经开始从事专门职业了。美国联合通讯社拥有一个机器人记者 Wordsmith，而《洛杉矶时报》的 Quakebot 系统在地震发生 3 分钟之后便迅速写出了报道（左）。IBM 的人工智能系统沃森（右）2011 年在美国一档著名的智力问答电视节目中取胜，2015 年正式开始癌症诊断工作

岗位。

随着人工智能技术的发展，不管是单纯的体力劳动领域，还是运用智能的领域，工作岗位都在减少。在当今社会，人不仅需要与他人竞争，还需要和机器进行竞争。而哪些能力是机器不具备的，又该如何培养，已经成为今后人类切实需要思考的一个问题。

现在人类需要真正地思考一下，人类为什么可以狩猎庞大的猛犸象，在世界各地居住，人口达到 70 亿。人类

要想在未来存活下去，需要从过去的痕迹中寻找生存的DNA。

学者们认为，人类依靠智力才得以在地球上占据最高地位，可现在人工智能已经开始在智能方面碾压人类。智能分为单纯的智能和高层次的智能，而培养可以进行创意性思考、灵活地解决问题的高层次智能最为重要。

人类在不断地探索和询问自己是谁。无论是苏格拉底，还是提出相对论的爱因斯坦，都很难准确地知道自己是谁。这两位伟人之所以至今仍被认为是引领人类发展的伟大人物，是因为他们都有好奇心。好奇心源于认识到自己的无知，因为清楚自己不知道什么，所以会质疑自然现象和社会现象，而在寻找答案的过程中，人类的能力也会有飞跃式发展。短时间内还很难期待人工智能可以认识到自己的不足，对自然、社会或自己提出有趣的问题。

人类可以发挥语言能力进行大规模合作。尤瓦尔·赫拉利在《人类简史》中用知识之树的突然变异说明了这一过程。人类偶然改变了脑回路，使人类可以用一种新型的语言进行沟通，开始了大规模合作。人类运用语言能力创造了共同的神话和虚构的概念，发明了货币，创立了宗教，建立了帝国，达成了其他物种无法达成的大规模合作。但是，我们还无法确认语言能力是不是人类独有的能力，可以让人类在与人工智能的竞争中存活下去。因为人工智能可以通过互联网获取信息，只要有合适的程序就可以进行合作。

有趣的是，人类在寻找人工智能没有而人类独有的能力过程中，开始探讨情感的重要性，这是之前一直被忽视的。人工智能真的可以高兴、悲伤、愤怒、生气，拥有情感吗？2016 年，阿尔法围棋在和李世石的围棋大赛中，取得了五局四胜的成果，但没有丝毫流露出喜悦之情，表现得生硬无趣。众多人工智能专家建议人类探索需要运用细腻情感的领域，找出人工智能不具备的能力，从而找到自己的工作岗位。

专业机器人企业波士顿动力公司的研究团队制作了一种四条腿的动物机器人。为了测试这个机器人的安全性，研究人员用脚踢打这个机器人，并把这一场面上传到 YouTube（优兔）上。虽然他们只是为了展示机器人的性能，但网民们还是纷纷留言批评了这种脚踢机器人的行为。人们在机器人身上注入了自己的情感，觉得这个四条腿机器人被研究人员踢得很痛。当然，这并不是说人们认为机器人可以感觉到痛苦，只是觉得形状像某种动物的机器人也是一种动物。

今后，人工智能和机器人相结合会拥有类似人或动物的外形。那些很难和他人建立情感纽带的人可以和自己容

拥有情感的人类

“你太感情用事了”“静下来好好想一想”这类表达都会给人一种消极的印象，认为人类拥有情感不是什么好事。但随着人工智能的发展，情感却成为人类在与人工智能的竞争中生存下去的一种能力

易控制的机器人共同生活。感情是在与他人的互动中形成的，是人格的基本要素。而当人类习惯了对机器人单方面的情感表达，会有越来越多的人想隐藏自己不成熟的人格。

随着科学技术的发展，如果在人工智能中植入可以识别情感的代码，我们就可以在生活中形成人和人、人和人工智能的多层次情感关系网。如果形成了这种关系框架，就需要为人类和人工智能、人工智能和人工智能之间的交往制定伦理准则。

如果把说话和行动类似人类的人工智能植入计算机内部，就会把通过自然选择进化而来的人类史转化为无机生命工程创造的人类史。当人类登上了智能设计者的位置，拥有了可以制作无机生命的能力时，我们需要重新定义人类。

当人类和机器再也无法分离，我们能否分出什么是机器，什么是人类？庄子在梦中分不清蝴蝶是自己，还是自己是蝴蝶，从而批判了区分人类和蝴蝶的论断。现在，区分人类和机器的争论也即将变得毫无意义。

科学是一把双刃剑。一边的刃铲除贫穷、疾病、无知，另一边的刃则瞄准了科学的创造者人类的脖子。我们需要充分运用智慧和技术掌控这一危险武器。科幻小说家艾萨克·阿西莫夫曾说过："现在人类社会最令人遗憾的是社会聚集智慧的速度远远赶不上科学聚集知识的速度。"智慧可以从民主的讨论中获得，而要进行高水平的讨论，做出理性和合理的判断，需要教育和信息。但我们还没准备好就开始挥舞科学这把双刃剑了。在暴风雨到来之前，一些意料之外的事情或许就是把我们引向灭亡的蝴

人类在讨论

人类预测科学技术的发展带来的各种情况，并通过民主的讨论决定人类应该如何接受这些技术

蝶翅膀。未来会如何？恺撒曾说过：“布鲁图斯啊，错不在星星，而在我们自己。”同样，错也不在机器人和人工智能，而在我们人类自己。

人类现在享受到的科技比智人历史上的任何时候都要

多，无须努力就可以掌握无数信息。以后纳米机器人还可以进入人体检查，而适当地改变遗传基因可以维持更好的身体状态，拥有更高的智能。不过，这种生活也需要付出一定的代价。人类独占了地球上的能源，导致其他物种生存困难。此外，使用化石燃料导致的气候变化也成为人类亟须解决的问题。

随着人工智能和机器人的发展，生产效率提高，工作岗位减少。人工智能的能力越来越接近人类，如何在人类和人工智能的关系中定义人类正成为一个伦理难题。以前我们通过和动物比较，发现了人类独有的能力，现在我们需要考虑人类的哪些特性是人工智能不具备的，在即将到来的人工智能时代能否合理地发挥这些能力。

4 威胁地球生命的因素

复活节岛是一个充满了神秘故事的地方，曾被 25 米多高的棕榈树和郁郁葱葱的甘蔗林覆盖。人们以种植红薯、养鸡、捕鱼为生，并建造了巨大的摩艾石像，向世人展示出强大的力量。但人类在此居住了还不到 1 000 年，这座天堂般的岛屿的生态系统便被破坏殆尽，人类所到之处都变成了一片废墟。人口一度从 2 万人减少到 0.2 万人，人与人之间互相警惕，生活得战战兢兢。复活节岛隐喻了人类和地球的未来。那是什么导致了复活节岛的悲剧呢？

地球是一个美丽的生命星球，但在长达 38 亿年的生命历史上，曾遭遇过无数次的物种灭绝。智人从 20 万年开始前在地球上开创了独特的历史，19 世纪历经工业化进程，急速地发展了科学技术和文明。由于变化速度过

摩艾石像

看到复活节岛上的摩艾石像，人类需要反思一下如何开创人类的未来

快，人类像是一个忙着挥舞锤子的铁匠，砸到自己的手也无暇顾及。正如复活节岛的原住民看到土地荒废了还是不停地建造石像。人类了解自然的规律，懂得利用自然，但欲望遮盖了身为自然界的一分子曾经珍视的东西。在尝到了文明的甜头之后，人类渐渐远离了和自然和谐共处的生活。趁现在还为时不晚，让我们放下手中的锤子，反省一下我们在创造什么，犯了什么错误，会导致什么危机。

以自然之名，以文明之名

大体有两种情况可能会导致人类和其他地球生命灭绝，一种是地球环境和宇宙中发生的极其自然的现象，另外一种是在人类行为的综合作用下，导致生命延续的可能性降低。一个是以自然之名，一个是以文明之名。前者是指火山、地震等不断活动的地球内部结构导致的地壳运动或从宇宙中飞来的陨石撞击地球。这些现象在地球的历史上很常见，却可以影响环境变化，给人类等生命体造成巨大危害。

水果长不熟，葡萄酒发酸。人趴在地上啃草吃，饿倒在地也无人问津。饥饿的人们丧失了人性，互相残杀，以人肉为食。疾病迅速传播。

这是查士丁尼一世时期的东罗马历史学家普洛科皮乌斯记录的535年之后几年的历史情况。水果长不熟，葡萄酒发酸是因为没有充足的阳光，无法进行光合作用。这时，君士坦丁堡瘟疫流行，这种瘟疫是14世纪让欧洲陷入恐怖泥潭的黑死病的前身，连皇帝本人都无法幸免。君士坦丁堡一天之内就有1万以上的人因此丧命。而这一席卷欧洲的巨大不幸始于535年印度尼西亚喀拉喀托火山爆发。

火山爆发产生的火山灰飘到世界各地，遮天蔽日，造成气温下降，长期干旱，作物无法正常生长。“屋漏偏逢连夜雨，船迟又遇打头风”，来自埃及的瘟疫在重创了东罗马之后，席卷了欧洲全境。无法获取最低限度营养的人们在传染病的侵袭下，像被保龄球打中的球瓶，一下子就倒下了。不过，令人震惊的是这次喀拉喀托火山爆发在地球历史上算不上十分剧烈。

7.4万年前印度尼西亚的多巴火山爆发让智人濒临灭绝。多巴火山爆发的规模是1980年圣海伦斯火山爆发规模的3 000倍，其威力超乎想象。爆发生成的火山灰层覆

多巴火山喷发形成的多巴湖

这座湖位于印度尼西亚苏门答腊岛北部，里面有一个与济州岛一般大小的岛屿。多巴湖很深，最深处有 500 多米。多巴火山爆发时喷出的火山灰、火山碎屑和熔岩比多巴湖的湖水还多，几百摄氏度的火山喷发物以 160 千米的时速流向四面八方

盖了整个地球，硫黄气体在平流层形成云雾。太阳光被云层阻挡，冬天持续了几十年，地球的平均气温下降了 15 摄氏度左右。火山灰和酸雨造成生态系统长期荒废，把众多物种逼到了灭绝的边缘。

多巴火山爆发造成板齿犀、地球上体积最大的类人猿巨猿、很像狮子的穴狮等大型哺乳动物灭绝，北半球四分之三的植物消失，而在这场大灾难中幸存的人类仅有 1 万人（学者们的推测不一致）。有的学者认为这一时期智人数量减少到了 2 000 多人，我们是这一少数人群的后代，这也解释了为何人类的遗传多样性还不如栖息在西非的大

猩猩。

多巴火山从120万年前到7.4万年前一共爆发了四次，火山学家们认为多巴火山随时可能爆发。长白山也有爆发的危险。日本地球资源探测卫星显示，自1992年以来，长白山的高度6年间增加了18毫米，还有一部分学者担心在长白山附近进行核试验一不小心便会刺激岩浆房，导致火山爆发。

这种导致大灭绝的剧烈地壳运动随时可能发生，当然也无法否认这种现象可以增加地球生命的多样性。数量一度减少的人类也是在多巴火山爆发之后，随着大型哺乳动物的灭亡，才得以扩大了生存机会，真可谓塞翁失马，焉知非福。

“以文明之名”指使用化石燃料引起的全球变暖及各种气候变化，资源问题、宗教问题引发的恐怖袭击、国际纷争、核战争、生化武器造成的大量伤亡，还有网络战争、传染病等。有些问题人类无力阻挡，那么提前预测上述问题，是不是可以找出一个避免出现最差局面的方法？为此，我们有必要认清文明这把双刃剑会在什么情况下给人类留下致命的创伤。

大约在1万年前，人类就开始挑选并栽培可以食用的作物，驯养有用的动物，有选择地饲养狗、鸡、猪、马、牛等动物，把它们变成农耕劳动力、运输工具、蛋白质和脂肪来源。

但是随着动物待在人类身边的时间越来越长，以动物为宿主的细菌和病毒也来到了人类身上。人类从事农耕，定居生活，细菌和病毒扩散的机会也随之增多。天花、流感、非洲昏睡病（锥虫病）、艾滋病等传染病都来自人类接触的动物。最近仍会出现以动物为媒介的新型传染病肆虐的情况，这些传染病很可能随着人口密度高的城市之间紧密的联系网络、定期贸易和人口流动传播到世界各地。我们享受的便利设施成为传染病传播的途径，人口密集的城市也具备微生物繁殖的良好条件。人们倾倒的大量垃圾和排泄物引发了顽固的卫生和清洁问题。虽然现在医学发达，公共健康的范围扩大，卫生状况也得到了改善，但由于人口增长过快，污染和疾病的扩散速度也变快了。

人口增长之后会出现严重的粮食不足问题。1700 年，全球人口大约有 7 亿，100 年后增长到 1.4 倍，达 9.5 亿。200 年后增长到 2.3 倍，人口达到 16 亿。300 年后的 2000 年增长到 8.6 倍，人口超过了 60 亿。这些数据和马尔萨斯的人口会呈指数增长的理论吻合。马尔萨斯担心粮食产量不会和人口一样呈指数增长。正如之前罗马俱乐部的报告提到的，随着人口急剧增长，人均粮食产量反而减少了。其实现在地球上生产的粮食人类是吃不完的，之所以

因禽流感扩散被扑杀的家禽

禽流感疫情出现后，几十万只家禽被扑杀。禽流感可以传染给人类，甚至会导致人类死亡。为了阻止疫情扩散，未被感染的养殖户的家禽也会被扑杀，给养殖户造成了一定的经济损失

会存在严重的饥饿问题，不是因为粮食总量不足，而是分配不均造成的。随着产量减少，粮食价格暴涨，粮食问题将会更加严峻，需要通过政治磋商和社会合作的共同努力才能解决地区、阶层、国家间的贫富差距问题。问题不在于人们能否过上幸福生活，而是有多少人会在生存得不到保障时坐以待毙。

美国的玉米消费

从美国玉米的消费情况看，约 11% 被食用，大约 13% 出口到其他国家，约 36% 用作动物饲料，约 40% 用于生产生物乙醇。那些吃得起牛肉汉堡、坐得起燃烧玉米生产的乙醇的汽车的人，是富人的可能性更高

在解决饥饿问题上存在两种对立的观点，一种是主张大力发展转基因等新的农业技术和科学技术，另外一种则认为政治上的分配问题更为重要。争论不可避免，因为未来的粮食危机需要科学家、社会团体、国际组织在充分沟通之后，综合多方面的建议，达成一致意见，付诸实践才能解决。

20 世纪 40 年代，各国为了尽早结束第二次世界大战，积极研制原子弹。爱因斯坦看到这一情况后说道：“核技术会摧毁人类文明。我认为人类开发的技术已经超过了人类的承受能力，会造成悲惨的后果。”如果现在发生战争，全世界的核武器都被发射，地球上大部分的人将难以活命。核武器爆炸本身很危险，还会引起地震和火山爆发，引发的海啸会吞噬沿海的大城市。而即使在核武器爆炸和自然灾害中幸存下来，也会饱受核辐射后遗症的折磨，城市被摧毁了，人们得不到相应的治疗。但地球并不会因此消失、灭亡，6 500万年前陨石撞击地球，哺乳动物在恐龙尸横遍野的废墟上书写出了新的历史篇章。同理，人类灭亡之后，田鼠、大猩猩、章鱼会得到进一步进化。

人类对生态系统的影响力越来越大。咸海曾是世界上第四大湖泊，面积相当于112个首尔市，而今天咸海的水量还不足鼎盛时期的十分之一，大部分都已经变成了沙漠。20世纪60年代，人们在咸海周边大量种植棉花，修筑堤坝，改变了流入咸海的江河的流向，导致了灾难的发生。咸海曾被称为“岛屿之海”，但在改造自然、丰富人类物质生活的政治决策下，仅仅50年，咸海就出现了盐沙漫天，生锈的船只被遗弃在沙漠中的景象。

咸海的惨状并不仅限于此。含有大量盐分的沙土从干涸的咸海飘散到数十千米之外。湖水干涸之后，这一地区的气候也发生了翻天覆地的变化。周边的生态系统崩溃，森林消失，一度繁华的城市也消亡了。为了恢复咸海，哈萨克斯坦政府几年内投入了数十亿美元才勉强保住了部分

消失的咸海

1989 年的咸海（左上）和 2014 年的咸海（右上）。咸海盐分高，曾经是面积广阔的内海。进入 21 世纪，水位迅速降低，开始沙漠化，成为地球上最骇人听闻的环境灾难。每年有数亿吨盐沙从干涸的咸海被风刮走，造成周边农田荒芜，不再适合人类生存。从沙漠中被遗弃的船只（下）似乎可以预见地球的未来

水面。但是，现在已经不可能恢复咸海过去的样子了。自然总是不带任何意图和目的就给人类带来了不好的结果。现在很多人之所以十分担心全球变暖问题，也是因为怕地球步咸海的后尘。

哪怕只有几天天气不正常，我们的生活就会陷入困扰。气候变化指一个地区长期的平均气候状态发生了改变，天气长期与之前不一样，洪水、暴雪、干旱、寒潮等改变生态系统的气象灾害持续，该地区的气象状态有了显著的不同。

韩国济州岛正受气候变化的巨大影响。政府间气候变化专门委员会 2007 年的资料显示，在过去 100 年间，全球平均气温上升了 0.74 摄氏度，而济州岛西归浦市 2000—2006 年的平均气温和 1960—1969 年的平均气温相比，上升了 1.6 摄氏度。

全球变暖一点点提高了平均气温，引发了气候变化。现在平均每 10 年，动植物会往极地移动 6 千米，这就相当于院子里的草坪每天早上向北移动 1.7 米。全球变暖不仅改变了陆地，也改变了海洋。例如：韩国东海岸的水温发生了改变，以前常见的冷水鱼明太鱼不见踪影，属于暖水水产的鱿鱼突然增多。

早在 20 多年前，人类就发现了全球变暖的证据，而

因遭受暴雪灾害而枯萎的橘子树

全球变暖并不是单纯的气温升高，还会引起前所未有的气温下降。2016 年，济州岛遭受暴雪袭击，零下四五摄氏度的低温持续了好几天，没有收获的橘子全部冰冻。虽然看起来没什么异常，但冻过的橘子有的烂掉，有的糖分降低，品质下降。大部分遭受冻灾的橘子树第二年春天叶子和枝干开始干枯，造成了更大的损失

北极冰川融化也不再是引人注意的新闻事件。德内拉·梅多斯研究的“全球自然灾害经济损失表”显示出这一问题的严重性。

年复一年，损失的金额正呈指数增长。据统计，2000 年自然灾害造成的经济损失将近 700 亿美元，其中保险赔偿 200 亿美元，其余 500 亿美元的损失需要没有参加保险

全球自然灾害经济损失表

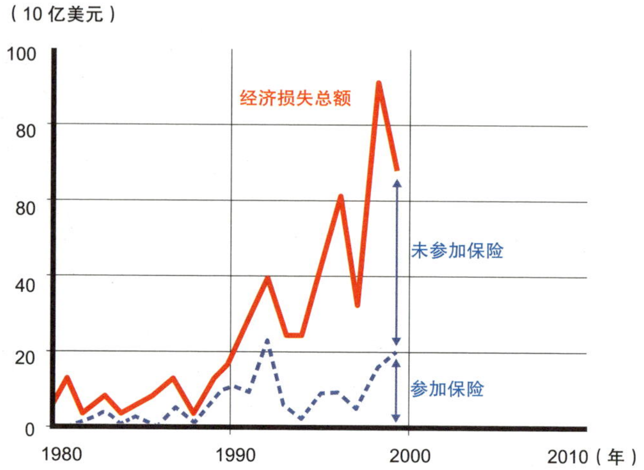

自然灾害在全世界造成的经济损失正呈指数增长。2000 年的资料显示，没有参加保险的损失要比保险公司赔付的金额多出 2.5 倍以上

的人自己承担。而那些担心自然灾害会造成经济损失而参加保险的人或组织很可能是一些富人和一些大企业。相反，穷人连保险费也交不起。因此，全球变暖造成的自然灾害会让穷人更加贫穷，陷入难以维生的境地。

全球变暖首先会使沿海地区的生活环境恶化，冰川融化，海平面上升。政府间气候变化专门委员会第四次评估报告显示：1961—1993 年，平均海平面每年上升了 1.8 厘米，21 世纪末，地球的平均气温将上升 6.4 摄氏度，海平面也会随之上升 59 厘米。韩国的气温上升速度是全球平均速度的两倍，海平面以及水温的上升速度是地球平均值的 3 倍。韩国西海岸及其他地势较低的地区会饱受洪水和海水侵蚀，生态系统破坏造成的损失要比其他国家更为严重。

地球温度一旦开始上升，生物会加速灭绝。二叠纪大灭绝曾造成地球上 95% 的动植物消失，据一些学者分析，西伯利亚火山喷发造成的极端温暖气候导致了二叠纪大灭绝的发生。当时海平面温度上升到了 40 多摄氏度。植物在温度达到 35 摄氏度时就会停止光合作用，超过 40 摄氏度就会死亡。植物死亡之后，碳循环崩溃，温室气体二氧化碳增多，气候调节日益困难。2006 年，英国《斯特恩报告》（气候变化影响及其适应的经济学评估）发出警告称，气温上升 2 摄氏度，地球上 20% ~ 50% 的生命将会灭绝；气温再上升 4 摄氏度，喜马拉雅冰川将会消失，海平面上升，纽约和东京将完全被海水淹没。

全球变暖之后，短时间内高纬度地区的农产品产量会比以前有所增加。但是由于气候反常，植物生长受阻，全球粮食总产量减少，围绕粮食问题产生的矛盾和战争将不可避免。此外，随着温度上升，热痉挛、中暑等疾病的患者增多，过敏人群也随之增加。粮食产量减少，人类无法获得足够的营养，健康将受到威胁。

全球变暖可能会引发智人历史上最严重的危机。如果不从根本上改变以化石燃料为基础的生产和消费系统，就无法解决这一问题。开发新能源和可再生能源，引入碳税、推动绿色发展，并不能解决这一问题。如果不改变发达国家的消费模式，许多新兴经济体将继续追随发达国家的脚步，全球变暖的状况将会越来越严重。

1992 年在巴西举行的世界首脑会议上，美国总统表示："美国人的生活方式不能协商。"换言之，就是不能用限制和管制来改变人们，人们也不愿改变现在的生活方式。要想解决全球变暖问题，就需要回到能否控制人类的自由和欲望这一根本性问题上。

在进化过程中，人类大部分时间都是摸着石头过河。人类造船渡海，给牛套上犁耕田，发展科学技术。科学和技术虽然分离了数千年，但在工业化时期结合起来，并迅速促进了文明的发展。蒸汽机出现 150 多年后，人类制造出了核武器，并成功登上了月球。现在科学技术也开始替代大自然的作用，实验室里已经可以合成生命体。人类已经拥有强大的能力，却从未认真探讨过如何运用这一能力。从前大型恐龙不知为何就灭绝了，人类也可能会不知

全球二氧化碳排放量（2012 年）

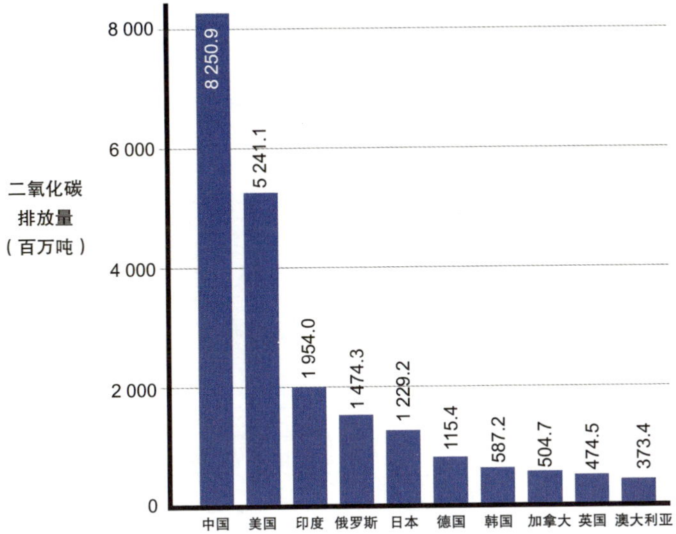

中国、美国的二氧化碳排放量占据世界的第 1 位、第 2 位。韩国最近几年也进入了全球十强。为了真正地解决全球变暖的问题，排在前十位的国家需要从根本上改变温室气体的排放政策

缘由地从地球上消失。

在地球上延续了 38 亿年的自然选择法则，也许会被人类的“智慧设计”取代。目前，人类正在生物工程、人工智能、机器人工程领域加紧研发新技术，每年都会出现很多令人刮目相看的成果。虽然这些领域克服了人类的

局限，但能否实现美好的未来还是一个未知数。

生物工程让人类的技术介入遗传、繁殖、生长、新陈代谢等生命特性之中，从而生产出人类需要的物质。例如，可以通过控制遗传变异生产生物燃料或开发胰岛素等药品。生物工程可以被用于和平和人道主义目的，也有可能成为可怕的杀人武器。由于生物工程具有两面性，基因工程技术的发展往往会引发伦理争议。由于基因工程技术可以用来治疗疾病、改善生活质量，人们很难贸然投反对票。

21 世纪中期，人类可以将左右性格的各种基因挑出来进行编辑。在小说《坠落》（韩国儿童科幻小说）中，社会被分为两个阶级。贫困人群生活在环境污染极其严重的地上，富人借助科学文明的力量生活在舒适的地下城市。下层阶级的贫穷少女为了提升地位，努力寻找一种 48 个小时内最大限度地增强记忆力的智能药物。在现实生活中，已经有一种为防治注意缺陷多动障碍、阿尔茨海默病而研制的认知能力强化药物上市。如果基因疗法能改善记忆力、注意力、运动神经、外貌，父母们肯定舍得为孩子花钱。因为不论古今中外，任何有利于子女发展的事情，父母都不会拒绝。

随着基因工程技术的发展，说不准人们未来会复活猛犸象之类已灭绝的动物。在电影《侏罗纪公园》里，人们从吸食了恐龙血的蚊虫琥珀化石中提取了恐龙的DNA，并成功克隆出了恐龙——这种事真的可能发生。我们已经查明了在遗传学上和人类血缘最近、数万年前灭绝的尼安德特人的基因序列。难道不会有人想让尼安德特人复活吗？如果尼安德特人复活了，他们应该被关在动物园里，还是和我们一起在公寓里生活呢？艾拉·莱文的小说《巴西来的男孩》讲述了一个希特勒狂热信徒的故事。这个信徒妄想从希特勒的尸体提取DNA克隆出希特勒，重振纳粹政权。虽然基因工程技术给所有疾病带来了治愈的希望，但如果被恶意利用，也会造成无法想象的可怕后果。

在阿道司·赫胥黎的《美丽新世界》中，人类被划分为从大脑没有受损的阿尔法（α）到智力低下的厄普西隆（ε）几个阶层。精英权力阶层大量复制大脑受损的胎儿充当仆人。在乔治·威尔斯的《时间机器》中，人类分化为两个种族，一种是优雅生活在地上的爱洛伊人，另外一种是脸色苍白、生活在地下的莫洛克人。单一种群智人也许会因基因技术产生种群分化。用来治疗疾病的基因治疗技术日后也有可能成为基因控制或基因支配技术。

最可怕的一种情况是国家有意识地利用基因工程技术。一旦独裁者掌握了最尖端的基因工程技术，就可以组织具有强大服从基因的军队，还可以利用西班牙流感病毒或炭疽菌开展细菌战，或是把流感病毒注入艾滋病病毒内，制造出可以在体外存活的变异病毒。若是某个恐怖组织或国家利用这种变异病毒发动生化战争，会给作战双方造成严重伤亡，更有甚者会发动核战争进行报复。

我们现在对新一代技术、人工智能有种莫名的不安。2009 年，在美国举行的阿希洛马会议上，世界著名人工智能专家齐聚一堂，讨论了比人类优越的机器可能带来的问题。随着《终结者》和《黑客帝国》等描写未来的电影全球热映，任何人都可以在脑海里描绘出人工智能可能会造成的最坏情况。

英国人工智能专家尼克·博斯特罗姆认为，如果人工智能可以发展到人类的智能水平，人类文明将不可避免地发生根本性变化，这也将是人类历史上最为重大的变化。装载人工智能的机器人可以占据食物链的顶端。许多科学家认为如果人类不因环境破坏而灭亡，就很有可能被生物工程创造的新人类、可以永生的半机器人取代。人工智能在拥有自我意识，做出理智判断，计算出自身独有的合理性之后，再也不会把进化的最后一段阶梯交给劣等的智人。

我们能否把这种悲观的预测看成杞人忧天呢？小说家亚瑟·克拉克表示，高度发展的科技与魔法无异，普适计算的创始人迈克·威瑟则认为：“那些正在消失的技术才

人们在观看机器人跳舞

如果有一天人工智能可以统治人类，也会观看人类跳舞取乐

最深奥。卓越的技术将融入日常生活之中，无法被轻易识别出来。”我们甚至不知道那些可能剥夺人类地位的人工智能身在何处，而我们的子孙可能会被关在动物园的笼子里终结一生。在人类动物园的标示牌上，或许还写着创造出“人工智能”这个单词的马文·明斯基的名言：“将来机器人会继承地球吗？如果会，那也无须遗憾，因为它们就是我们的后代。”

也有一些人和雷·库兹韦尔一样，对于摆脱那种一个身体里只有一个精神的生物思考体系，将中枢神经和核心程序储存在云盘里，复制出成千上万个副本的奇点时代过于乐观。对此，美国的计算机科学家比尔·乔伊警告道："我们没有任何计划、控制能力就被推到了新世纪面前。我认为唯一切实可行的方法就是放弃技术。对于一些过于危险的技术，要限制其发展速度，而有些知识应该被禁止研究。"难道我们只能继续放任科学技术的迅速发展吗？

科学家们一般认为自己的研究是中立的。人类文明坐在科学技术革新的椅子上，现在通过全球网络，一两天内就能抵达世界各地，也可以方便地把东西卖给地球另一边的人。人类掌握着许多技术，基因工程技术可以合成生命，人工智能可以自行思考判断，机器人力大无比。人类构成了比任何动物群落都要庞大的社会，通过集体学习，逐步掌握更多的信息。人类发明并改良机器和工具，提高了生活的便利程度，获得了更多的自由时间。那么，所有的科学技术革新都对人类有益吗？历史上有一些值得特别关注的时刻，人们只研究客观事实，而对如何使用的问题避而不谈，下面让我们回顾一下这些历史性瞬间吧。

在第二次世界大战中，曾参与过原子弹开发的奥本海默、海森伯、爱因斯坦等科学家围绕科学价值中立的问题展开了激烈的争论。他们利用科学知识最先成功研发出了原子弹。在向日本投放原子弹以加快第二次世界大战结束的问题上，奥本海默表示：“原子弹是一种死亡武器，但也可以用来终结战争，给人类带来和平。”会议现场的科学家们一致决定投下原子弹，但结果却比他们想象得残酷。他们相信原子弹能够结束战争，给人类带来和平，但原子弹爆炸本身就如同一场战争。所有的战争都是为了生存，却制造了无数的坟墓，同理，造福人类的技术也会对人类造成威胁。

德国哲学家尤纳斯主张科学技术时代要追求责任伦理。他认为人们在行动之前，应该更加关注行动带来的后果，并将此称为预见的责任。也就是说，不能对未来的发展漠不关心，而应考虑未来可能发生的结果，谨慎行动。

阿西莫夫在 1942 年制定了机器人三原则，从而规定了机器人和人类关系的伦理标准。机器人不能伤害人类，应该服从人类的命令，并在不违背前两个原则的前提下进行自我保护。但这一原则能否在实际生活中实现呢？灾难救助机器人虽然可以适当地遵守这一原则，但是最近在实战中部署的战斗机器人很难遵守这个原则。针对“杀手机器人”和“无人机”的出现，人权组织和联合国特别会议发出警告，呼吁人们关注这些杀人机器人的危险性。如果机器人拥有了感情和自我意识，人类应该如何看待人

对科学技术的反省

诺贝尔（左上）制造了炸药，奥本海默（左下）参与了美国的核武器研发。就像炸药爆炸事故（右上）和原子弹爆炸（右下）一样，造福人类的技术有时也会威胁人类的生命

科学家们应该慎重思考一下自己的研究对社会的意义，只追求客观知识的时代正在走向没落

工智能机器人呢？如果人类控制不住这些机器人，只能通过拔掉电源解决问题吗？

2015 年，《自然》杂志刊登了有关谷歌 DeepMind 的相关论文，介绍机器可以在没有人类帮助的情况下进行自主学习，这是人类历史上的一个大事件，也是对人类的一个重大挑战。现在的机器人能思考，有情感，谈论机器人“人权”的时代即将来临。

如果科学技术的发展只用于改善人类生活，反而会使人类的生活质量倒退。贫穷国家的人吃不饱，体弱多病，发达国家的人则由于吃得过多，因享受机械和能源提供的便利而运动不足，导致糖尿病、肥胖、心脏病、癌症等疾病的发病率升高。此外，由于智能机器高度发达，表现为日常生活中记忆力和计算能力降低的数码健忘症也变得十分普遍。儿童和青少年沉迷于智能手机，强迫症、敌对感、恐慌、焦虑症、抑郁症等精神问题也层出不穷。智能手机这一掌上工具用处多多，几乎可以解决日常生活中的所有问题，但人们在习惯了智能手机的便利之后，却无法限制和调节手机的使用范围。现在智能手机成瘾已经超越计算机成瘾，成为一个重大的社会问题。那么，可以强制禁止使用智能手机吗？长时间上网会使人脑中负责认知的部分减少，从而造成人脑对现实感到麻木的爆米花头脑现象。互联网改变了人脑的结构。现在我们需要深刻地思考一下，尖端机器的出现是否会阻碍人类的进化，会不会顺应自然选择，使一些不必要的功能退化。

人类很难准确地预测并应对未来。我们和子孙后代将来面临的危机都是前所未有的。我们必须不断地讨论我们正在失去的东西。智人用语言交换信息，传授有利于生存的知识和信息，并通过大规模合作在最恶劣的危机中生存下来。现在我们需要共同合作，对有可能发生的事情进行预测，提出问题，讨论出更好的选项，共同探讨解决之道。

不仅是在教室，在图书馆、咖啡厅、街头，我们都要不断地对自己和他人提出质疑。我们应该向开发技术并制定政策的人提出质疑，并询问应对方法。如果人们十分关注，制定重大决策的人也不能对此视而不见。比起少数人的利益，我们应该努力通过社会协商，寻找出一条可持续发展的共存之路。这样是否可以改变20万年后人类自取灭亡的悲剧结局呢？

猝不及防——闯入地球的外部危险

英文单词“disaster”意为灾难或灾害，由表示否定意思的“dis”和意为天体的“astro”变形组成。古时人们认为观察天体可以预测日后会不会发生不祥之事，而且认为彗星出现会给国家带来灾难。当时人类还不知道地球外的天体会造成何种灾难，但现在我们知道宇宙现象可能会导致人类和其他地球生命灭绝。超新星爆发、γ射线爆发、小行星及彗星碰撞、外星生物体入侵等宇宙现象可以对整个地球造成巨大灾难，这些现象是人类无法抵御的，其破坏力足以使地球损失惨重。

比太阳更重的恒星终结时会发生超新星爆发。这些恒星在即将终结时，中心会形成重量极大的核，外层氢元素发生核聚变，释放出巨大的能量，成为红巨星。超新星爆发时，会瞬间释放出大量的能量飘散到太空之中，其能量比太阳一生释放的还要多。恒星死亡后会生成新的元素，爆炸后四处分散的元素又成为形成其他恒星的材料，成为宇宙循环的一部分。

超新星爆发不仅可以产生巨大的能量冲击波，同时还会放射γ射线和X射线等宇宙射线，哪怕远在数百万光年之外，也足以让地球上的生命全部消失。超新星爆发分为Ia型和II型，前者的威力更加强大。如果太阳系附近发生了Ia型超新星爆发，地球可能会完全消失，不过太阳系附近发生超新星爆发的可能性很低，而且在可能影响地球的范围内尚未发现红巨星，大家可以暂且安心。

那γ射线爆发呢？一些古生物学家认为，古生代奥陶纪大灭绝是由γ射线爆发引起的。γ射线在比太阳更重的恒星发生超新星爆发或两个中子星碰撞形成黑洞的时候出现。爆发时，γ射线波长极短，能量极高，如果落到地球上，瞬间地球就会像熔炉一样燃起熊熊烈火。除了生活在深海或地下深处的生物以外，地球表面的生命将全部消失，连微生物也无法幸免。γ射线还会破坏臭氧层，使地球变成一个生命再也无法生存的行星。γ射线爆发可能是最糟糕的一种灾难，人类观测到时已经无法避免，也无法阻止。但在银河系中，γ射线爆发比超新星爆发罕见得多，

超新星爆发

大约 330 年前仙后座的超新星爆发残骸（上），这是由空间望远镜拍摄的各种波长的图片合成的图像。超新星一旦爆发，中心会形成中子星。大麦哲伦云中的超新星（1987A）爆发，可以清晰地看到恒星本体喷出的物质与爆发痕迹碰撞而形成的环（下）

在可以影响地球的范围内发生的概率更小。

如果小行星和彗星撞击地球会怎么样呢？1998年，一部以彗星撞击事件为题材的电影《天地大冲撞》上映了。在电影里，5 000亿吨重的彗星将与地球发生碰撞，人类试图利用核装置摧毁彗星。这只是电影里的故事情节，不过现实中也曾做过相似的同名实验。2005年，美国国家航空航天局为了探明彗星的内部成分，发射了“天地大冲撞号”宇宙飞船。6个月后，“天地大冲撞号”进入了彗星坦普尔1号的轨道，发射了碰撞探测器，成功地完成了任务。彗星受到碰撞之后释放出内部物质，天文学家们正在对彗星的内部和外部物质进行比较，研究其形成过程。

在彗星的轨道为人所知之前，这种奇异的天体现象被人们认为是不祥之兆。1577年，第谷·布拉赫查明彗星是太阳系中的一员。彗星是由冰块和尘埃构成的天体，在太阳系外围生成，轨道呈长椭圆形，绕着太阳公转。彗星分为类似哈雷彗星的短周期彗星和周期在200年到数万年的长周期彗星。1994年，苏梅克–列维彗星与木星发生撞击，使人们首次意识到彗星也可能撞击地球。

大多数科学家认为，6 500万年前小行星撞击地球造成了称霸地球的恐龙的灭绝。小行星撞击墨西哥尤卡坦半岛，引发了地震和海啸，爆炸的残骸遮天蔽日，导致核冬

γ 射线爆发

随着黑洞的形成，γ 射线爆发时，能量沿恒星的旋转轴的方向喷射。如果地球位于双 γ 射线束射向的地方，就会发生巨大的灾难

天的出现。当时，不论是巨型恐龙，还是海洋生物，大部分生命都灭绝了。

虽然彗星和小行星冲撞地球的概率很低，但从外界闯入的流星掉落到地球上的情况却十分频繁。大约每小时有一颗流星进入大气层，每个月都会有一颗巴士大小的流星

彗星的公转轨道

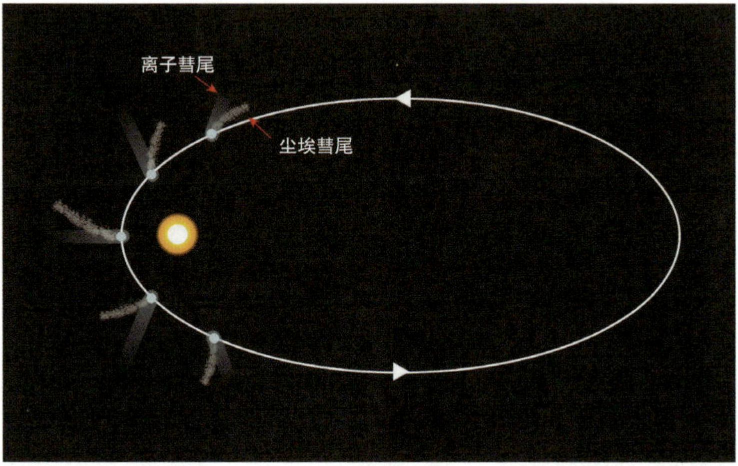

彗星在距离太阳远时，形态是小行星；靠近太阳时，尘埃和气体会从表面蒸发，在背离太阳的方向形成彗尾

在大气圈内爆炸。1908 年，一颗直径 30 ~ 50 米大小的小行星坠落在通古斯，接近地表时发生爆炸，一下子将几千棵树推倒在地。轨道不明的彗星不知何时会从何方飞来。

随着空间望远镜技术越来越发达，观测小行星也变得越来越容易，我们也在不断地补充小行星目录。虽然现今技术可以推算出可能发生碰撞的彗星和小行星的轨道，以及发生碰撞的可能性，但当具有威胁的天体飞来时，我们

通古斯小行星碰撞

通古斯森林里因小行星碰撞倒下的树木。2013 年，在此发现了陨石，从而证实了碰撞的原因

尚不清楚该如何应对。电影里那种用核弹摧毁彗星和小行星的做法反而会加重危险，因为彗星或小行星的碎片会沿着小行星的轨道飞向地球。只有改变天体的运行轨道才是最安全的方法。现在人类正在研究如何在小行星上安装喷气式发动机。

妈呀！

1969年，人们从宇宙飞来的陨石中发现了氨基酸、碱基、有机酸等物质。1986年，科学家们经过调查，在哈雷彗星中发现了复杂的有机物，最近科学家们发现宇宙的暗星云中也存在有机物。许多天文学家认为，地球上之所以有生命存在，是因为宇宙提供了生命材料。如果存在类似地球这种提供生命材料的行星，那么在宇宙的某处可能会存在外星生命。尽管至今尚未发现太阳系内有其他生命痕迹，但在其他星系中发现了类似生命宜居带的地区。或许那里生活着智慧生命呢！

如果宇宙中存在智慧生命，应该也会像我们一样使用无线电波。因此射电天文学界从20世纪中期就开始探测

彗星、小行星、流星、陨石

可能会与地球发生碰撞的天体有彗星、小行星和流星。彗星和小行星都是太阳系的成员，都以太阳为中心进行公转。彗星在太阳系周围运转，被太阳的重力吸引，拥有彗尾。小行星是比行星小的天体，主要在太阳系内部公转。部分小行星拥有卫星，其与彗星不同，没有彗尾。大部分小行星聚集在火星和木星的轨道之间，只有那些分布在地球周边的小行星才有可能撞击地球。彗星和小行星的残骸、宇宙尘埃会在地球重力的作用下进入大气层发生爆炸或燃烧，形成流星。而彗星、小行星、流星在通过地球大气层后，没被摧毁并掉落在地表的物质就是陨石。

外界智慧生命发射的信号。射电天文学家法兰克·德雷克提出了“德雷克方程”，计算可能与人类互通信息的外星文明数量。

$$N = R^{*} \cdot f_p \cdot n_e \cdot f_l \cdot f_i \cdot f_c \cdot L$$

N：银河系内可能与人类通信的文明数量

R^{*}：银河系中恒星的数量

f_p：恒星拥有行星的比例

n_e：具备生命可居住环境的行星的比例

f_l：行星诞生生命的概率

f_i：进化出智慧生命的概率

f_c：智慧生命能够和其他天体进行通信的概率

L：科技文明的寿命（年）

1974 年，位于波多黎各的阿雷西博射电天文台利用长波电波向太空发射了告知地球上存在人类文明的数字信息。1977 年，为了观测太阳系外的行星，还发射了“旅行者号”，上面携带了包含各种地球图片和声音信息的金属板。

《超时空接触》是一部以探测外星生命为题材的电影，其原著小说作者卡尔·萨根在被问到是否存在外星生命时答道：“如果宇宙中只有我们存在，这无疑是巨大的空间浪费。”在他的作品中，外星生命比人类更为智慧，也十分友好。但在很多电影和小说中，外星生命是人类的敌

阿雷西博射电望远镜

1963 年，阿雷西博天文台安装了当时世界上最大的射电望远镜，直径 305 米的反射盘可以探测到来自外星的无线电波

人，一般还会发生宇宙战争。如果有一天比人类更加强大的智慧生命入侵地球，人类文明可能会就此灭亡。

一直从事外星生命研究的保罗·戴维斯表示，可以通过太空旅行抵达地球的外星生命，其形象和平时大家认为的火星人或其他外星人截然不同。由于太空旅行存在太多的危险因素，它们很有可能抛弃生物学意义上的肉体，只保留精神，也就是以一种意识形态存在。他认为：“生物学意义上的肉体只不过是在漫长进化过程中必然经历的中间阶段而已。我们能够遇见的外星人将是超越生物学意义肉体的后生物学生命。”它们可能会抛弃个人意识，以一种更加高效的集体意识存在。如果真是这样，它们还有必要入侵地球吗？如果它们能够穿越太阳系抵达地球和人类发生战争，那么无论在智慧上还是技术上，人类都将处于劣势。

小说家杰克·芬尼的《天外魔花》中出现了以病毒形式侵入人体，将人类当作宿主的外星生命。正如这部小说所讲的一样，即使没有外星智慧生命攻击人类，也会有外星病毒通过陨石或是从宇宙空间返回的宇宙飞船和卫星入侵地球，造成人类灭绝。在迈克尔·克莱顿的小说《天外来菌》（又名《人间大浩劫》）中，一种附着在坠落的军事卫星上的外星微生物导致一个村落的村民全部死亡。虽然目前还没有出现威胁人类的事情，但随着人类进入宇宙空间的活动越来越活跃，外星病毒流入的可能性很高。如果人感染了这些病毒，我们遭受的损失将会比过去的霍乱、鼠疫、西班牙流感造成的损失更大。

前面我们讨论了一些地球外部原因可能导致人类灭亡

的情况。虽然这些在我们的有生之年几乎不可能发生，却让我们重新认识到人类无法掌握自己的命运。那我们应该怎么办呢？斯蒂芬·霍金等一部分科学家主张：如果想在太空危机中生存下去，整个人类应致力于宇宙开发，开辟出第二个地球。在地球的历史上，人类在短暂的时间里建立了文明，消耗了大部分地球能源。科学技术拥有了足以改变环境的能力，用来满足我们的欲望，为人类的生活带来便利。但是，我们真的变得更幸福了吗？

2011年，日本人遭受了东北部大地震和海啸，在灾难中目睹了一些珍贵的物品瞬间变成无用之物，甚至在灾难时变成了威胁生命的凶器。之后，很多日本人改变了生活方式，不再喜欢拥有太多物质的生活，而是尽量减少拥有的东西。他们通过清空物品，选择了比以前更珍惜、更幸福的东西，不妨把他们称作21世纪的老子和庄子。我们也应该反问自己如何才能更幸福地生活下去。

5

地球和太阳的结局

恒星死后会成为新物质诞生的舞台，人类也是由很久之前某个恒星的残骸生成的元素构成的。天文学家弗雷德·霍伊尔表示，恒星形成过程中出现的星尘是生命的起源，夜空是过去和现在、死亡和诞生共存的空间。从恒星死亡时发出光芒到被我们看到，相隔的时间就意味着那颗恒星和地球之间的距离。现在距离地球 100 亿光年的恒星是 100 亿年前曾经存在的，因此，虽然那颗恒星很久以前就死亡了，变成了白矮星、中子星和黑洞，但在我们眼中却像是一颗刚诞生的恒星。

地球是太阳系的一员，与太阳的距离适中，成为生命的摇篮。地球可以从太阳那里获得充足的能量，维持合适的温度，能保存液态水。如果地球再小一点，大气就会消失；如果再大一些，大气会在地球巨大重力的作用下增厚，气温增高。地球大小适当，形成了阻挡太阳风的磁场，月球作为卫星稳定了地球的自转轴。地球是一个偶然具备了可供生命生存的条件的行星。地球不可能在宇宙中永远存在。这是人类无法改变的事情。现在让我们作为宇宙的一员，探讨一下地球和太阳的最后时刻。

地球毁灭的方式

之前我们已经了解过人类文明结束的几个版本。人类文明可能会被科学技术毁灭，也有可能被比人类更为先进的机器文明取代。新的传染病将席卷全球，人类也可能会因气候变化或地壳运动而失去家园。火山喷发导致一个城市消失或文明崩溃的事情已经发生过多次。1815 年印度尼西亚坦博拉火山喷发时，席卷北半球的寒流夺走了无数人的生命。1817 年，英国诗人拜伦在诗歌《黑暗》中描述了当时的情况。

我曾有个似梦非梦的梦境，

明亮的太阳熄灭，而星星在黯淡的永恒虚空中失所流离，

无光，无路，那冰封的地球球体盲目转动，在无

月的天空下笼罩幽冥；

早晨来而复去——白昼却不曾降临，

人们在孤独的恐惧里将热情忘记；

那一颗颗寒冷霜冻的心都自私地祈求黎明。

很难认为人类精神颓废、文明消失就是地球的终结。虽然地壳运动会对生命构成威胁，但却是地球 46 亿年的历史长河中随时都有可能发生的自然现象，而且以地球的规模，哪怕发生超大型的火山喷发或大地震，也只会稍微移动一下地球的地轴。动用人类所有的科学技术也无法破坏地球本身。我们至今对占地球表面约 70% 的海洋知之甚少，探测深海比翱翔太空更难。到目前为止，去过太空的人远比探测过深海的人多。即使人类的科学技术极为发达，也无法创造出破坏一颗行星的能量。也就是说，地球毁灭只是电影里才可能发生的事情。

那小行星和彗星撞击地球会怎么样呢？来自宇宙的子弹猝不及防地入侵地球，可能会使地球发生晃动，使人类和大部分生命灭绝。但撞击地球的次数需要以地质时间为范围进行统计，在我们的有生之年几乎不可能出现这种情况。因此，这种 1 亿年才可能发生一次的事故，并不会破坏地球本身，就像一块小石头并不能砸倒一间房子。

那么，地球有可能与金星或火星等行星相撞吗？从目

前太阳系中行星的分布来看，行星和行星之间的距离相当远。如果把太阳缩小到热气球一般的大小，把它放在运动场上空，那么篮球大小的地球则在运动场外围转动。行星在特定的轨道上运动，需要巨大的重力才能脱离自己的轨道。在太阳系形成之初，那些拥有足够重力的天体已经在远离太阳系的地方有了稳定的运行轨道，安定下来，而太阳系中也并不存在这种天体。

如果发生碰撞，也是银河系旋臂和其他星系接近时，

太阳系的成员

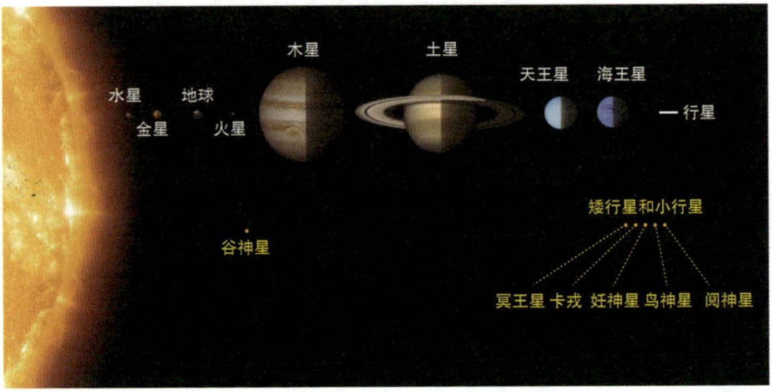

太阳系中有 8 颗行星，2009 年被剥夺行星资格的冥王星（134340 Pluto）是柯伊伯带中的一颗矮行星。此外，火星和木星之间还有小行星带，以及周期性出现的彗星等

地球有可能与其他恒星系的行星相撞。由于恒星总是不停地旋转，所以几乎不会发生碰撞。同样，地球也几乎不可能被黑洞吞噬。黑洞在宇宙中并不常见，哪怕地球偶尔经过黑洞附近，只要地球不处于事件视界附近，就不会被黑洞吞噬。

事件视界

在黑洞的重力作用下，连光都无法逃离的边界。

如果地球不会因自身或与天体

碰撞被摧毁，那什么能左右地球的最终命运呢？太阳可以。我们有时会认为地球是唯一存在生命的地方，也是能够理解宇宙原理的智慧生命生活的地方，因此有时会误以为地球是太阳系的主人公。其实地球只不过是围绕太阳旋转的一个成员而已，太阳系的主人公是太阳，太阳的结局决定了地球的命运。

太阳的命运

释迦牟尼在最后一次说法中提到，有生必有死。不仅生命如此，恒星和星系也会经历诞生、存在、消亡的过程。

太阳对我们来说意义非凡，因为我们备受太阳的恩惠。但是，太阳只是宇宙数千亿颗恒星中的一颗，与恒星的平均质量相比，它是一颗矮星。太阳的质量决定太阳的一生，太阳和其他恒星一样，从诞生起就按照注定的命运度过一生。太阳等恒星的生命历程如下。

星系中存在由气体和尘埃构成的星云，物质收缩到星云中心部位形成原恒星。原恒星持续收缩，中心部位温度高达 1 000 万开时开始发生氢聚变反应，并停止收缩，形成一颗发光的恒星。太阳也是这样诞生的。

比太阳质量小的恒星会在漫长的岁月里维持主序星的

比太阳质量小的恒星的一生

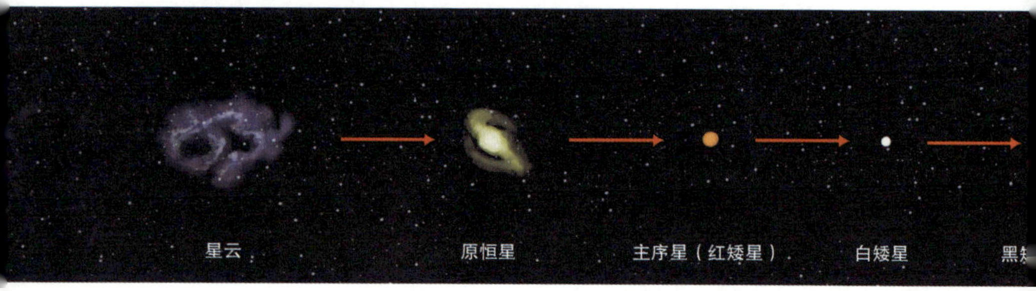

状态，虽然发生了核聚变，但光芒微弱，这样的天体被称作红矮星。这些红矮星质量小，光线也不辉煌璀璨，不受人瞩目，但寿命却是其他任何一个质量大的恒星难以企及的。红矮星逐渐变成白矮星，最后变成不再发光发热的黑矮星，结束自己的一生。

比太阳质量大的恒星在主序星阶段发出蓝光，一开始就与其他恒星的颜色不同。太阳的寿命约为100亿年，而这些恒星寿命大约为1 000万年。假设太阳的寿命是100年，那么这些恒星在太阳诞生约5周时就已经出现又消失了。

质量大的恒星在短时间内燃烧大量氢气，比太阳还要亮1万倍以上。随着时间的推移，中心质量重的元素发生聚变反应，外层发生氢聚变，释放出大量能量，成长为一

比太阳质量大的恒星的一生

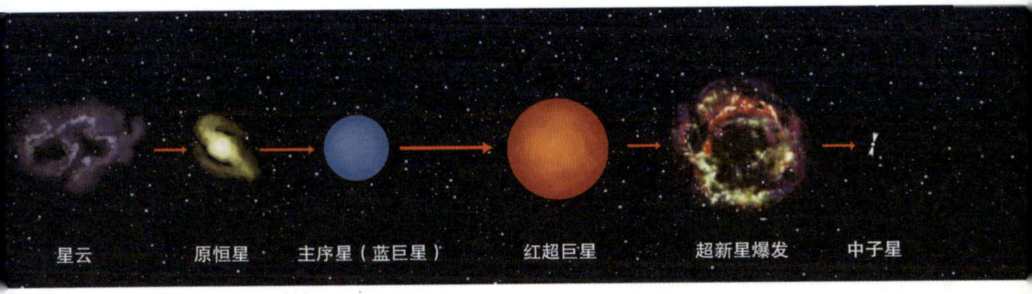

颗红超巨星。之后红超巨星引发剧烈的爆炸，造成超新星爆发。元素周期表里大部分的金属元素会在这时形成。质量和太阳相近的恒星在氢燃烧阶段需要经历约100亿年，但质量越大的恒星温度越高，氢气越容易被消耗，在这一阶段停留的时间越短。相反，比太阳质量小的恒星在这一阶段停留的时间更长。恒星越重，重力越大，中心部位承受的压力越大，聚变反应就越激烈。恒星从出生到最后死亡的全过程完全取决于恒星形成初期的质量大小。比太阳质量小很多的恒星自诞生之日起，就不会出现聚变反应，成为褐矮星。质量和太阳类似的恒星在经过红巨星的状态后，变成白矮星。比太阳质量大很多的恒星在经历红超巨星的状态后，发生超新星爆发，变成中子星。质量更大的恒星先是成为红超巨星，然后在超新星爆发后形成黑洞。

与太阳质量相似的恒星的一生

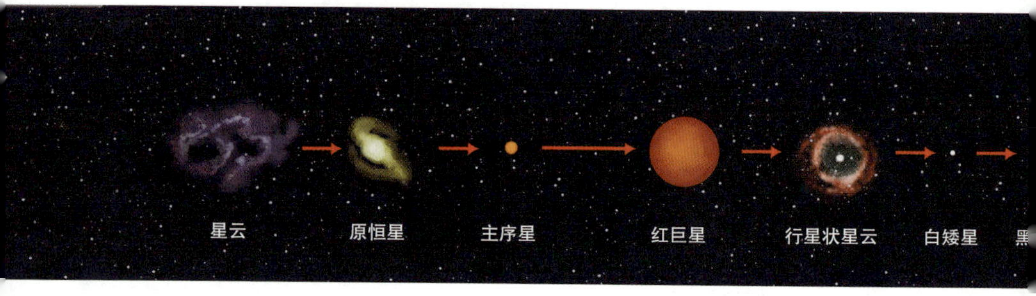

质量和太阳相似的恒星的一生会如何呢？太阳质量较小，呈黄色，寿命约为100亿年。太阳一生中大部分时间都是颗黄色主序星，到现在大约度过了50亿年，今后还会稳定地发光40亿年左右，在剩下的10亿年间将成为一颗红巨星，反复地收缩、膨胀。太阳中心的氢消耗完之后，聚变反应中断，内部压力降低，中心核会出现重力收缩现象，产生的热能向外流出，加热恒星外部。由于压力低，之前未能参与氢聚变的中心核外廓的氢气层发生聚变，天体开始膨胀。中心核发生氦聚变反应，释放出更多的能量，体积逐渐变大。外层膨胀之后，太阳体积变大，变亮，但表面温度降低，变成红色。

太阳将在最后10亿年里变成红巨星，反复收缩、膨胀，在最后一次膨胀时，整个外层将会分离出去，宣告太阳濒临死亡。红巨星虽然外层膨胀，但中心仍持续收缩，中心温度上升到1亿开以上，3个氦原子核融合成1个碳原子核，释放出能量，这是太阳一生中最明亮的时期。等中心核里的氦全部耗尽，变成碳元素后，中心核剧烈收缩，变成白矮星。在形成白矮星时会释放出强烈的紫外线，周围的残骸会变成等离子体状态。这时从中心核分离出来的外层被释放到宇宙空间，在中心的白矮星释放的能量的作用下，形成发光的行星状星云。

白矮星不再发生聚变反应，差不多处于死亡状态。白矮星的表面逐渐冷却，周边的气体也随之消失，密度变大，指甲盖大小的星体物质甚至重达数亿吨，不会像那些比太阳质量小的恒星一样，出现爆炸或合并等华丽的结局。从理论上推测，在此后的数十亿年间，太阳将会慢慢冷却，最终成为不再发光的黑矮星。在宇宙137亿年的历史中，至今尚未出现过黑矮星。

火红的太阳吞噬地球

太阳位于太阳系的中心，占整个太阳系质量的大部分，太阳系中包括行星和小行星在内的所有天体都围绕太阳公转。太阳像是一座发电站，将氢聚变释放出来的能量供应给整个太阳系。太阳内部可以用于核聚变的氢，一半左右都已经通过氢聚变转换成了氦。太阳内部的核聚变和氢弹爆炸发生的核聚变一样，而太阳之所以不会像氢弹一样发生爆炸，还保持着相同的大小，是因为核聚变产生的向外的压力和重力产生的向内的力达到了平衡状态。太阳和氢弹都会使氢原子在高压高温下融合生成氦，在此过程中，一部分质量转化为能量。

太阳表面释放出的能量中只有极小一部分会抵达地球。太阳能可以维持地球上所有生命体的生命活动，并引发雨、雪、风、洋流等地球表面的自然现象。

太阳能可以转化成热能或动能，在大气中产生风，在海洋中形成洋流。不同纬度地区接收到的太阳能不同，从而形成了不同季节或气候。植物通过光合作用将太阳能转化为化学能量，维持生命活动。生命体死后在地下变成煤炭、石油之类的化石燃料。化石燃料是人类的主要能源，人类文明通过各种方式利用能源。地球上所有能量循环的基础都是太阳能。

那么，在太阳走向终结时，地球会怎么样呢？如果太阳变成了红巨星，地球上会发生什么事呢？美国气象学家詹姆斯·卡斯廷的研究结果显示，10 亿年后，地球从太阳获取的能量增多，地球温度上升，空气中的二氧化碳融入大海之中，导致植物灭绝。没有二氧化碳，植物就无法实现光合作用，生态系统会因此崩溃。只有那些可以在极度恶劣的环境中生存的生命体，或许只有微生物可以存活

太阳能的循环

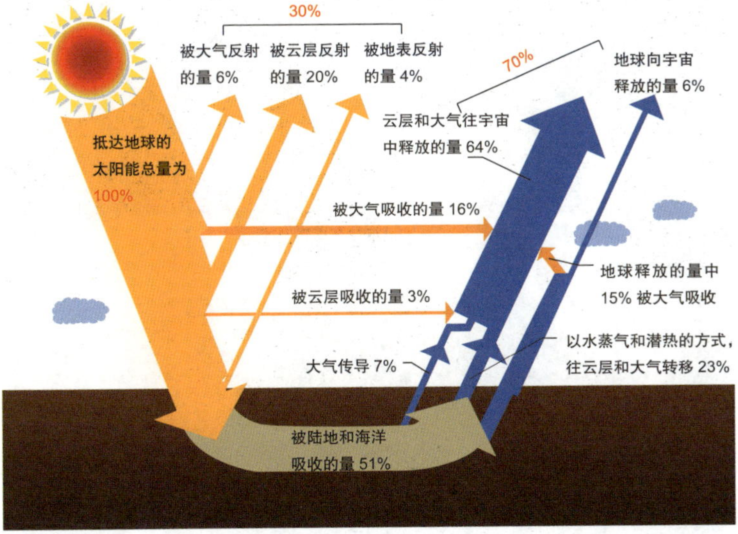

太阳能让地球上所有的生命体得以维持生命活动，引发雨、雪、风、洋流等地球表面的自然现象。生命体将太阳能转换成化学能量，维持生命活动，死后在地下变成化石燃料，被用来维持人类文明

下来。

越接近红巨星的阶段，太阳会变得越亮。如果太阳比现在亮 10% 左右，占地表面积约 70% 的海洋将会全部蒸发。蒸发的水分在日益增厚的大气中引起强烈的暴风，地

金星和“金星快车”探测器

金星大气稠密，难以观测到金星的表面。由于严重的温室效应，金星的平均气温高达 450 摄氏度，探测器很难在高压、高温下降落和运转。欧洲航天局发射的“金星快车”探测器环绕金星转动，探测金星的大气构成和地质情况

表沙漠化，越来越接近于金星。一部分天文学家认为，在主序星阶段，海洋会在地球上存在 30 亿年左右。但气象学家则认为，海洋将在 12 亿 ~ 15 亿年后消失，所有生命体将在 20 亿年后全部灭绝，很难再找到蔚蓝星球的影子。

40 亿年后，太阳将消耗完内部所有的氢，燃烧氦，变成红巨星。太阳何时会吞噬地球呢？英国天文学家罗伯特·史密斯认为，这一幕将出现在 76 亿年后。部分天文学家预测，太阳成为红巨星后，中心和外围的重力会发生变化，地球将脱离公转轨道，逃离太阳。但史密斯认为，地球的重力无法脱离公转轨道，只能在慢慢公转的过程中被太阳吞噬。研究结果表明，太阳系唯一一个绽放生命的星球——地球的历史将在那时终结。

太阳的后裔

恒星的一生结束后，内部核聚变反应产生的重元素和其他组成物质将飘散到太空中。随着恒星爆发，扩散到宇宙空间的物质为新一代恒星的诞生提供了材料，其中一部分成为地球这类行星和生命体的材料。

钙和铁是人类骨骼和血液中不可或缺的重要元素，少量的钠和钾对人类大脑十分重要。人体摄取的食物大部分是由碳、氢、氧等组成的化合物。我们在日常生活中使用的罐头、锤子、电线、飞机等主要是由铁、铝、铜、锌等金属制成的，没有硅元素，计算机也不能正常运转。

我们都是由恒星死亡时产生的材料组成的，构成人

体、地球和太阳的元素会再次回到宇宙之中，成为另一个行星或某个生命体的组成材料。没有过去，便没有现在。宇宙漫长的历史告诉我们，如果没有现在的我们，便不会有未来的宇宙。

6

银河系的末日和宇宙的命运

夜空中有着不同的过往。准确地说，光被月球反射到地球约需要 1.3 秒，而太阳光到达月球则需要 8 分 20 秒。虽然时间短暂，但我们所看到的月球和太阳都只是它们过去的样子。更令人吃惊的是，我们可以在头顶的夜空中观测到 137 亿年前宇宙诞生时的模样。大爆炸之后，宇宙膨胀，而恒星释放的光速度稳定，因此距离地球很远的恒星可能已经不存在了。随着科学理论和望远镜技术的发展，人类利用科学技术计算出了宇宙的膨胀速度，可以观测到距离地球 460 亿光年的宇宙，但据推测，宇宙实际上远大于此。

预测宇宙的未来也需要运用物理学法则。根据热力学第二定律，在孤立系统中，热量和能量会朝熵增的方向

孤立系统
指一种与外界没有能量、热量、物质交换或相互作用的独立系统。只有能量交换而无物质交换的系统叫封闭系统，与环境既有能量交换又有物质交换的系统叫开放系统。

移动。热量从高温向低温移动，集中可用能量渐渐转化为无序不可用状态，而且不会自动发生相反的过程。熵增原理表明，宇宙必将走向灭亡，总有一天会达到不冷不热的热平衡状态，熵值最大，再也不存在可移动能量。不再有新的恒星和物质诞生，宇宙将迎来寒冷黑暗的结局。

宇宙膨胀的事实也是预测宇宙命运的一个重要指标。但对于宇宙的结局，大家众说纷纭。因为宇宙中还存在着至今尚未查明真相的暗物质和暗能量，它们控制着宇宙的膨胀速度。天文学家们认为，这种填充宇宙的物质和能量的数量将决定宇宙会迅速膨胀解体，还是会在增大的收缩力量的作用下缩成一个点。

从现在开始，我们将走出太阳系，从星系的未来看宇宙的结局，这也是大历史这部鸿篇巨制的最后一章。

银河系和仙女星系的碰撞

东西方有很多有关银河的传说和故事。在中国古代的传说中，银河是一条阻隔牛郎和织女的“天河”。牛郎、织女这对不幸的恋人，每年只能在七夕这天通过鹊桥相会，日本和越南也有类似的传说。在希腊神话中，银河被称为“乳河”。宙斯背着妻子赫拉，与阿尔克墨涅偷情，生下了儿子赫拉克勒斯，阿尔克墨涅因为害怕赫拉报复，丢弃了自己的儿子。宙斯想趁赫拉睡觉的时候，用赫拉的乳汁哺育儿子，但赫拉克勒斯吮吸时用力太大，惊醒了赫拉，宙斯马上把孩子从赫拉身边带走，这时她的乳汁喷洒到天空中，形成了银河。

此外，世界各地还有许多有关银河的故事。在被纳入科学研究领域之前，宇宙是一个充满想象的空间，人们对宇宙的认识不断发展变化，对宇宙的了解越深入，就越觉得自己渺小。

18 世纪末，英国天文学家赫歇尔发现天王星，拓宽了人类描绘了几千年的宇宙空间。为了弄清宇宙的构造，他调查了在天空各个方向上可以看到的星星的个数和亮度。他虽然扩大了视野半径，但心中仍然放不下太阳。他认为太阳是宇宙的中心，周围的星球呈圆盘状分布。20 世纪初，美国天文学家沙普利表示，太阳位于距离银河中心 8 千秒差距（1 千秒差距是 3 260 光年，银河系的直径约为 10 万光年），即以光速需要经过约 2.6 万年才可以抵达的边缘地带。德国天文学家弗劳恩霍夫首次观测到太阳

东西方对银河的描绘

牛郎织女的神话影响甚广，上图为高句丽古墓壁画上的牛郎织女形象，下图为鲁本斯的画作《银河的起源》

赫歇尔的银河系模型和现实的银河系

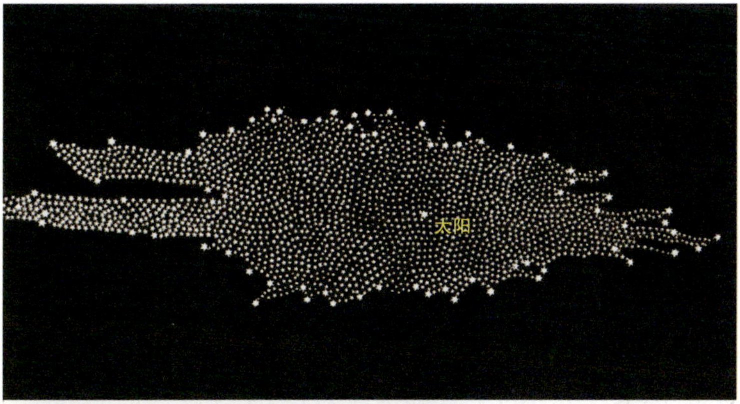

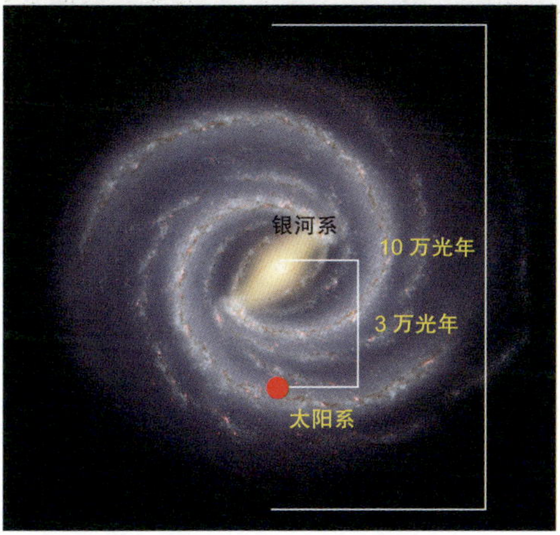

18 世纪末，赫歇尔认为银河系的形状类似一个扁平的圆盘（上），从圆盘里往外看就是银河，圆盘的中心点就是太阳。直到 20 世纪初，我们观察到了银河系的模样（下），通过观测确认了太阳并非银河系的中心，而是位于距离银河系中心大约 3 万光年的边缘地带

宇宙的巨大构造

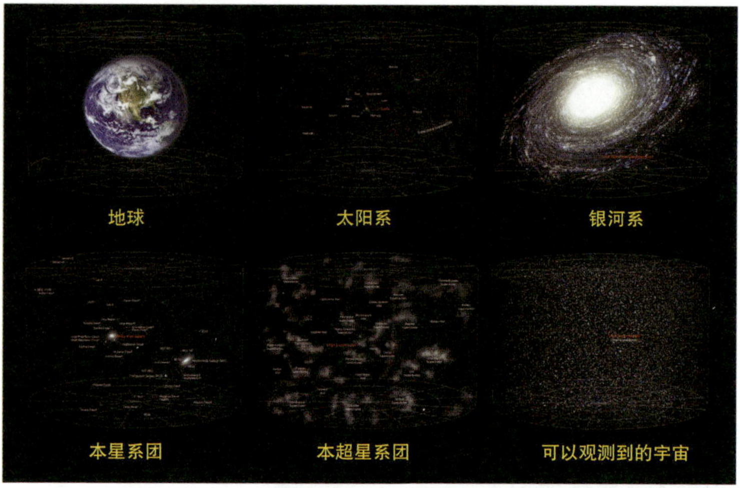

地球到可以观测到的宇宙空间。恒星聚在一起组成星团，多个星系也可以组成星系团，银河系、仙女星系、大麦哲伦星系、小麦哲伦星系等 30 多个小的星系组成一个星系团。密度较低的星系团叫星系群，聚集更多星系的叫星系团，这些星系团再组成更大的超星系团。除了银河系所在的超星系团之外，遥远的宇宙中还存在为数众多的超星系团

与其他恒星的光谱，证明了有无数颗和太阳类似的恒星。太阳不是宇宙的中心，在银河系里也是远离中心地带，偏于一隅。

太阳系所在的银河系在整个宇宙中不是什么特别的星系，宇宙中有数千亿个类似银河系的星系。哈勃利用造

父变星（亮度随时间周期性变化的恒星）测定了仙女星系（当时以为是星云）到地球的距离，这个星系离我们很远，与地球的距离比银河系的直径还要远。哈勃证明了仙女星系等众多所谓的星云是与银河系没有区别的河外星系。至此，认为银河系就是整个宇宙的想法完全破灭了。星系形状各异，分为椭圆星系、旋涡星系、棒旋星系、不规则星系等。

宇宙里奇妙的故事无穷无尽，其中之一就是星系碰撞。宇宙膨胀，大部分星系之间的距离会越来越远，但偶尔有些靠得太近的星系会被彼此的重力吸引，发生碰撞。2015 年，欧洲南方天文台捕捉到了星系碰撞的梦幻场面。大约 3.6 万年前，距离地球约 2 亿光年远的椭圆星系 NGC5291 和贝壳星系发生了碰撞，产生的气体成为新恒星的摇篮。

两个星系的碰撞场面被天文照片奇妙地记录下来。星系之间的碰撞还会出现庞大的星系捕食小星系的现象。庞大的星系从小星系中抽取气体、尘埃、恒星，小星系的核心被吸收到庞大星系的中心部位，从而成为庞大星系数百万年的能量来源。两个星系也会相互贯通，形成一个巨大的椭圆星系。

银河系也会和其他星系发生碰撞吗？据推测，银河系

星系碰撞

这是欧洲南方天文台捕捉到的 NGC5291 和贝壳星系的碰撞场面。通常来说，星系中的恒星之间都有足够的间隔，即使星系发生碰撞，恒星和恒星之间也几乎不会发生直接碰撞

在形成之初就是通过合并周边的小星系不断发展壮大起来的。距离地球约 220 万光年的仙女星系和银河系正以 40 万千米的时速靠近。这两个大小相似的星系将在数十亿年后发生碰撞，组成庞大的椭圆星系。

如果两个星系发生碰撞会怎么样呢？两个星系相撞之后，星系中恒星的分布将与现在完全不同。即便如此，也不用想象类似汽车相撞那样可怕的场面。星系中的恒星彼此相距甚远，即使发生星系碰撞，恒星之间相撞的可能性也很低。最近的半人马座比邻星远在 4.3 光年之外。如果将恒星比喻成一粒沙子，星系发生碰撞后，恒星之间的距离还有数百米。

星系碰撞产生的冲击波震动星系内部的星际物质，使密度产生差异。在星际物质密度急剧上升的地方，会爆发性地诞生成千上万个新星体。银河系和仙女星系是螺旋星系，据预测碰撞时会失去各自原有的面貌，形成一个星体集中在中心部位的椭圆星系。

如果用超高速摄像机把两个星系之间长达 50 亿年的碰撞场面压缩到 3 分钟，会将两个陌生的星系合成一个星系的场面展现得十分生动。两个星系的气体相互碰撞，被严重压缩，产生热量，里面的氢原子发出强烈的紫光。随着两个星系相互融合，恒星受重力影响会进行复杂的振动。这种碰撞将持续数百万年，如果能亲眼看到，将会看到仙女星系的恒星布满夜空的壮观景象。

碰撞发生大约 5 亿年后，许多恒星在重力作用下聚集起来，分散的气体中诞生了新的恒星。质量大的恒星成为超新星，到处引发爆炸。两个星系需要历经数十亿年才能结合成为一个新的天体——银河仙女星系，很难预测到时太阳和地球会变成什么样。天文学家弗雷泽·凯恩提出，

银河系和仙女星系的碰撞

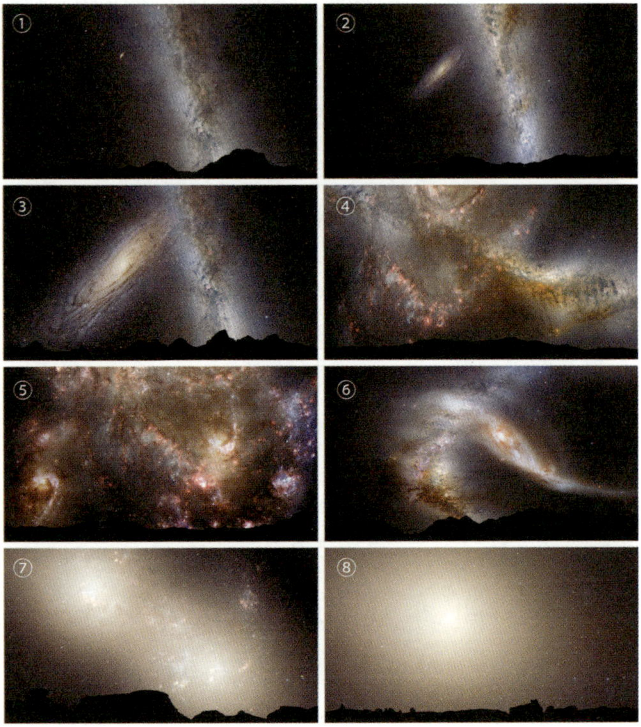

美国国家航空航天局模拟了两个星系碰撞的场面。图 1 是银河系的现状，左上方靠近的小圆盘是仙女星系；图 2 是 20 亿年后仙女星系靠近银河系的模样；图 3 是 37.5 亿年后仙女星系十分接近银河系的模样；图 4 是 38.5 亿年后两个星系碰撞时，两个星系的气体中诞生新恒星，在天空发出亮光的场景；图 5 是 39 亿年后新恒星继续诞生的景象；图 6 是 40 亿年后两个星系受对方重力的影响，形状发生了巨大变化；图 7 中，51 亿年后两个星系呈现出一个巨大的花生形状；图 8 中，70 亿年后两个星系形成一个巨大的椭圆星系，发出耀眼的光芒

两个星系碰撞时，太阳脱离银河系的可能性大约有 12%，被吸入仙女星系中心的可能性大约有 3%。如果两个星系发生正面碰撞，黑洞合并，太阳脱离银河系的可能性是 30%。如果太阳被推到外围或脱离银河系，在地球上可以轻松观看到两个星系碰撞的场面。如果太阳被吸入星系的中心，地球将被困在漆黑的夜色之中。

两个星系发生碰撞后会形成一个巨大的椭圆星系，中心的物质被吸入黑洞，星系中心的黑洞会增大数十亿倍。黑洞发出光、X 射线、高能粒子，成为类星体。美国国家航空航天局预测，两个星系大约会在 38 亿年后发生碰撞，之后大约再过 10 亿年，太阳就会经过红巨星状态，变成白矮星。如果我们的后代有幸离开热得不再适宜生命生存的地球，在天王星或海王星开辟出新领地，说不定可以尽情欣赏银河仙女星系中心灿烂辉煌的类星体庆典。

宇宙的尽头

如果把宇宙 137 亿年的历史换算成一年，大爆炸发生在 1 月 1 日，太阳系大约在 9 月 9 日形成，到 12 月 21 日，动物才开始繁衍生息。在 12 月 24 日，恐龙才出现，并在 4 天后灭绝。人类出现在 12 月 31 日晚 10 点 50 分左右；11 点 59 分 50 秒左右，埃及文明开始形成，金字塔被建造出来；5 秒后，孔子和佛祖诞生；又过了 1 秒，耶稣诞生，欧洲爆发了文艺复兴和工业革命，而在 12 月 31 日晚 11 点 59 分 59 秒，阿姆斯特朗首次登上月球。现在我们正处在新年即将到来的前 1 秒，等待着新年的钟声敲响。

人和动植物的寿命与宇宙的寿命相比十分短暂。如果把宇宙的寿命缩成一年，那么人类的寿命只有宇宙寿命的万亿分之一。虽然人类不可能目睹宇宙的变化，但幸运的是，夜空向我们展开了时间的全图，展现出 137 亿年间宇宙中发生的诸多变化。

为了探寻宇宙的未来，首先需要弄清楚一个基本事实，即宇宙到底有多大。1823 年，奥伯斯的疑问给出了解答的线索。奥伯斯曾经质疑，如果宇宙是无穷无尽的、静止的、均匀的，那么夜空的任何一处都应该布满星星，无论何时都会像白天一样明亮，但为何夜空会漆黑一片呢？这被称作“奥伯斯佯谬”。16 世纪，英国的天文学家托马斯 · 狄斯和 17 世纪的约翰尼斯 · 开普勒也曾有过类似的质疑。直到 1929 年，哈勃在有关宇宙膨胀的观测记录的基础上发表了 6 页名为《河外星系退行速度与距离之间的关系》的论文，才解开了这个困扰人们几百年的难题。

哈勃通过分析星系的光谱，发现所有的光谱谱线都朝红端移动了一段距离（红移），距离越远，向红端移动越

《河外星系退行速度与距离之间的关系》
论文中的图表

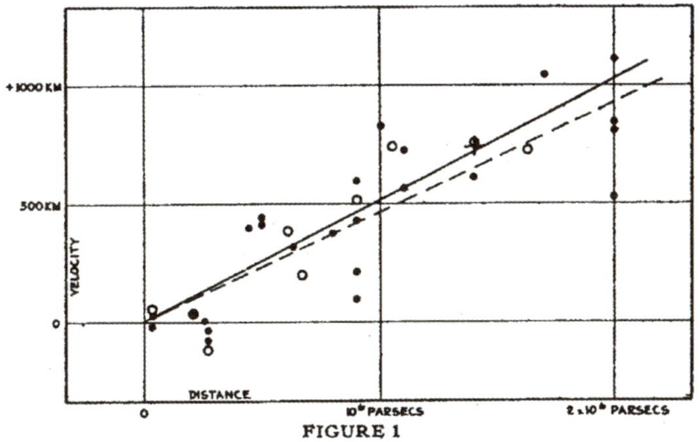

根据哈勃的观测记录，离地球越远的星系，远离地球的速度越快

多。远方的星系比近处的星系更快地远离地球。

为什么会出现这种现象呢？因为宇宙正在膨胀。星系之间互相远离的现象类似于面包上葡萄干的距离变化。面包放入烤箱中烤制会膨胀，相当于整个宇宙，葡萄干就像一个个星系。面包膨胀，葡萄干的大小不变，但葡萄干和葡萄干之间的距离会越来越远。伴随着宇宙的膨胀，星系之间的距离越来越远，但每个星系本身好像并不会膨胀。

无须担心宇宙膨胀会导致我们的身体和建筑物变大，因为这些都被原子间的作用力紧紧地约束着。同理，太阳系和银河系也不会随着宇宙膨胀而不断膨胀。不过，超星系团内部的星系团之间的距离会越来越远。

如果承认宇宙膨胀，下面的问题便随之而来。现在膨胀的宇宙是会继续膨胀，还是停止膨胀，变成一个平坦宇宙？或是停止膨胀，收缩成一个封闭的宇宙？

根据爱因斯坦的广义相对论，空间的曲率会受物质的影响。宇宙也是弯曲的，空间弯曲的程度取决于宇宙的整体质量。俄罗斯天体物理学家亚历山大·弗里德曼在爱因斯坦的广义相对论的基础上，提出了以下三种宇宙模型。第一种是马鞍形状、负曲率的宇宙，在这种宇宙中，所有空间都是弯曲的，宇宙没有界限，无穷无尽，即一个开放的、无限膨胀的宇宙。第二种是类似球体的正曲率宇宙。虽然这个宇宙空间也弯曲，但是有限的。这种宇宙被称为封闭宇宙，总有一天会停止膨胀，受重力影响发生收缩，最后收缩成一个点。第三种是空间不会弯曲的平坦宇宙，重力和膨胀能量保持平衡，最终形成一个停滞的静态宇宙。

为了确认宇宙符合哪种模型，必须了解左右重力大小的宇宙物质的分布，即宇宙的密度。宇宙构成物质数量的多少，会加快或减慢宇宙膨胀的速度。科学家们认为，与

光发生作用的普通物质，以及不会与光发生作用，但有质量的暗物质会产生重力作用。在暗物质分布的地方，因其重力引发的相对论效果，周围的恒星或星系的运动会被打乱，光的路径也会弯曲。在宇宙历史中的大部分时间里，暗物质一直阻止着宇宙的膨胀。1998 年，人类还发现了左右宇宙命运的新因素——暗能量。暗能量是一种和重力相反的力量，能够加速宇宙膨胀，暗能量越多，宇宙膨胀的速度越快。伴随暗能量的发现，上面提出的三种模型和宇宙命运之间的关系就对应不上了。因为弗里德曼的模型显示宇宙膨胀的速度正在逐渐放缓，但观测结果显示宇宙

弗里德曼的三种宇宙模型

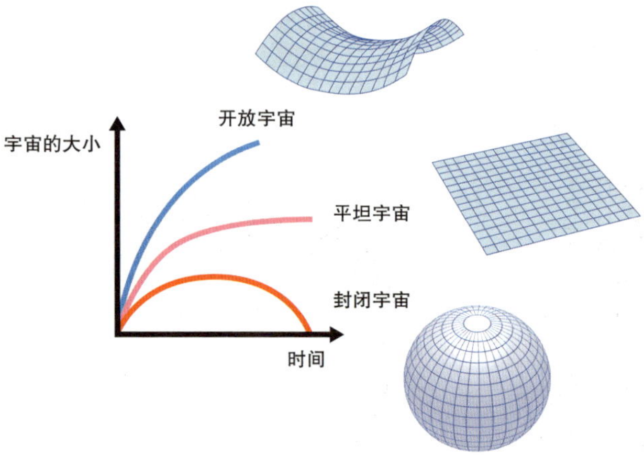

弗里德曼根据膨胀和收缩的程度，把宇宙分为开放宇宙、平坦宇宙和封闭宇宙三种类型。开放宇宙是指永远膨胀的宇宙，平坦宇宙是指停止膨胀的宇宙，封闭宇宙是指停止膨胀、开始收缩的宇宙

在暗能量的作用下正在加速膨胀。

宇宙的膨胀是由普通物质、暗物质、暗能量三种要素决定的。普通物质和暗物质是降低宇宙膨胀速度的刹车，而暗能量则类似加速膨胀的加速器。虽然目前宇宙保持平坦，但膨胀速度正在逐渐加快。那以后宇宙会怎么样呢？

第一，如果暗能量逐渐减弱，普通物质和暗物质的比例接近于临界密度（宇宙趋于平坦的密度值），宇宙膨胀的速度就会慢慢放缓。很久很久以后，老态龙钟的宇宙再也没有能够制造恒星的材料，曾经存在的恒星也结束了一生，变成白矮星、中子星和黑洞，夜空漆黑一片，奥伯斯的疑问也就变得毫无意义了。宇宙的温度越来越低，迎来漫长而凄冷的结局。

第二，如果暗能量持续发挥作用，宇宙膨胀的速度不断加快，重力牵引不住的恒星和星系会被甩得很远。最终，宇宙将以光速进行膨胀，然后冷却，变成冷寂状态。

暗能量的发现

20 世纪 80 年代，天文学家们预测宇宙的膨胀速度会在重力的作用下逐渐放缓，并分成两组进行观测，以确认这一观点。其中一组以遥远星系中发出耀眼光芒的超新星为中心进行观测，发现宇宙膨胀的速度不仅没有放缓，反而加快了。研究组得出结论，宇宙加速膨胀的原因是存在一种与重力相反、可以引发宇宙相斥的未知能量。人们现在把这种未知能量叫作暗能量。因为不能确切地知道这是怎样一种力量，所以称之为“暗”。重力是一种物体之间相互牵引的引力，而暗能量是一种物体相互排斥的斥力。暗能量引起的膨胀效果远比物质引起的收缩效果强大，因而宇宙正在加速膨胀。由于发现这一现象，两个研究小组的主要研究人员珀尔马特、施密特、里斯获得了 2011 年诺贝尔物理学奖。

第三，如果暗能量的比例逐渐增加，产生了战胜吸引物质的重力，宇宙完全解体，发生大撕裂。首先星系被撕裂，太阳系也会随之裂开，几个月后恒星和行星发生爆炸，接着原子分裂，连时间也将停止。

第四，如果暗能量显著减少，普通物质和暗物质的比例增大，宇宙也会逐渐收缩。所有的物质和能量崩溃，形成密度高、无比滚烫的奇点，发生大挤压。届时，宇宙会迎来如同大爆炸一样的火热结局。

人们在研究了尚未查明真相的暗物质和暗能量之后，对宇宙命运做出了上述预测。人类在 1998 年观测到非常遥远的超新星，从而确认了宇宙膨胀的速度远比预期的要快。

要想准确地预测宇宙的未来，还有很多课题需要研究。暗物质和暗能量起着维持宇宙现状，左右宇宙未来的最重要作用，但我们又对它们了解多少呢？银河系的质量比按照银河系大小和恒星数量推定的质量要高出 10 倍以上，差额多来自暗物质和暗能量。虽然有人认为中性粒子、黑洞、不发光的低质量暗恒星等是暗物质，但这些物质不会和其他物质发生反应，很难被探测到。2014 年根据普朗克空间望远镜的观测结果推定，暗能量在宇宙中占 72.6%，暗物质占 22.8%，普通物质占 4.6%。

南北朝时期，周兴嗣编纂了《千字文》，首句“天

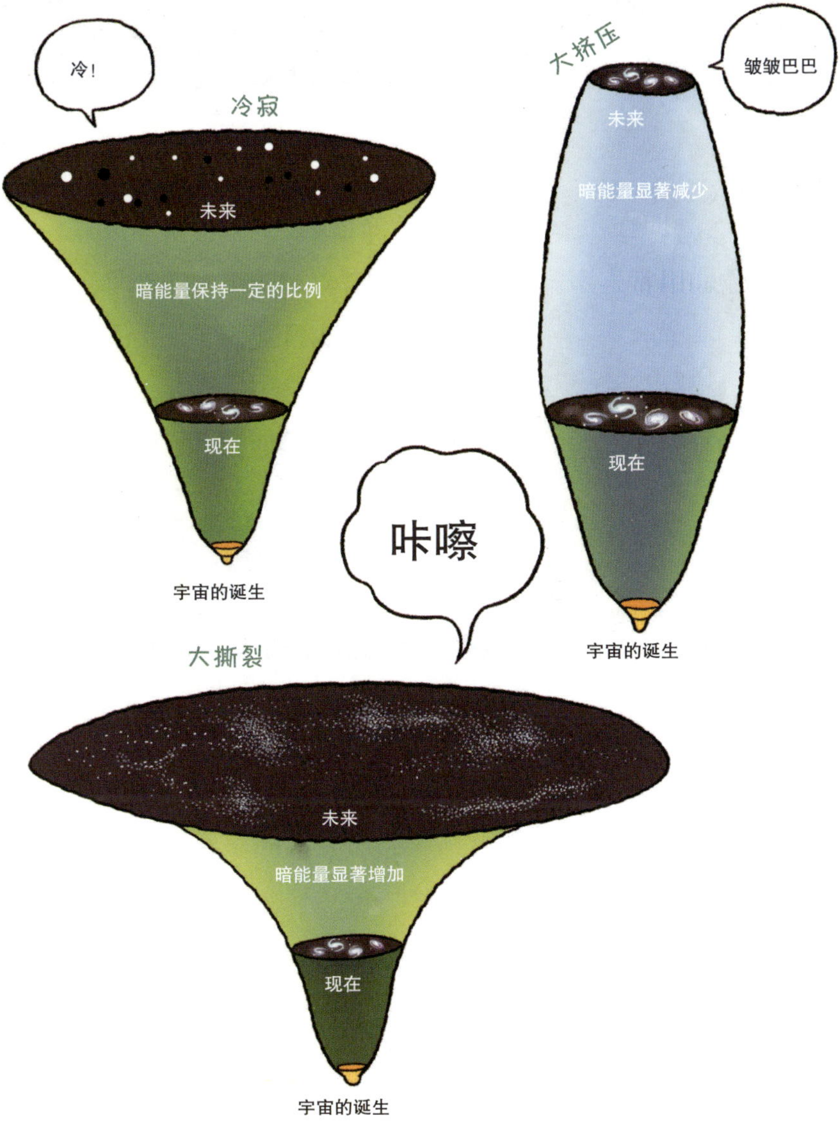
冷！
冷寂
未来
暗能量保持一定的比例
现在
宇宙的诞生
大挤压
皱皱巴巴
未来
暗能量显著减少
现在
宇宙的诞生
咔嚓
大撕裂
未来
暗能量显著增加
现在
宇宙的诞生

地玄黄”的字面意思是“天空黑，土地黄”。事实上，我们看到的夜空大部分都被无法看到的东西占据了。更何况，我们现在对充满了暗物质和暗能量的宇宙仍知之甚少。

在另一个宇宙之中

大家小时候可能都曾饶有兴趣地观察过在地上爬的蚂

蚁。有些调皮的孩子还会用手指摁住蚂蚁，或者把队伍里的一只蚂蚁弄到其他地方去。在蚂蚁看来，这些事情都是无法理解的：小伙伴被突然出现的一个庞然大物摁住，前面的蚂蚁也突然消失了。怎么才能解释这些现象呢？如果蚂蚁里有调查这些事件的调查队，能否查明人类的真实身份呢？

同理，是否也存在一种智慧生命，人类相对其而言是类似蚂蚁的存在呢？就像蚂蚁眼中的世界和人类认知的世界不同，或许在其他认知层次的世界里存在着与人类不同的另一种生命体。如果把另一个层次理解为另一个宇宙，便意味着除了我们生活的宇宙之外，还存在其他宇宙，这就是多重宇宙论。

多重宇宙在解释快速膨胀理论、量子力学、M 理论等概念时十分有用。最初，多个宇宙同时存在的故事只是备受科幻小说家或编剧喜爱的素材，现在却被认为是了解早期宇宙的重要概念。

在量子力学中，没有被观测到的粒子可以同时以多个状态存在，这便意味着原子尺度上可以存在多重世界。在说明量子力学时最常使用的一个例子是“薛定谔的猫”——猫既可以活着，同时也可能死去，只要接受猫活着的宇宙和死去的宇宙不同就可以解决这一矛盾。

M 理论将宇宙的时空分为 11 个维度。M 理论预测存在很多个宇宙，即多重宇宙。我们只不过偶然生活在生命体可以生活的宇宙一角而已。在多重宇宙中，有些宇宙或许也存在着与松树、黑猩猩、人类等完全不同的生命体或智慧生命。

英国的科学哲学家尼克·波斯特洛姆提出了一个更为奇特的宇宙观。他认为在宇宙的某个地方，可能存在多种智慧超越人类的生命体。就像我们通过多种模型来了解宇宙的历史一样，科学技术比我们更先进的智慧生命也可以模拟宇宙，我们现在生活的宇宙或许只是其中的一个模型。从更高的层面来看，进行这种模拟实验的生命体其实也可能是另一种生命体模拟实验中的一部分。像俄罗斯套娃一样，模拟实验中的宇宙会不断出现。

从多重宇宙论的观点来看，宇宙不会终结。因为即使其中一个宇宙消失了，还有无数个宇宙存在。不过，我们无法知道人类现在生活的宇宙是真的宇宙，还是未知的另一个宇宙才是真正的宇宙。从这一观点来看，谈论宇宙未来和命运的话题又要重新回到“我是谁”这个问题上。

希腊哲学家柏拉图曾说过，人类认为在洞穴内看到洞口火光映射的影子才是世界真正的模样。但有些人并不满足于眼前的影子，而是走出洞穴，到外面寻找真实的世界。他意识到外面的世界与影子不同，但没有走出过洞穴

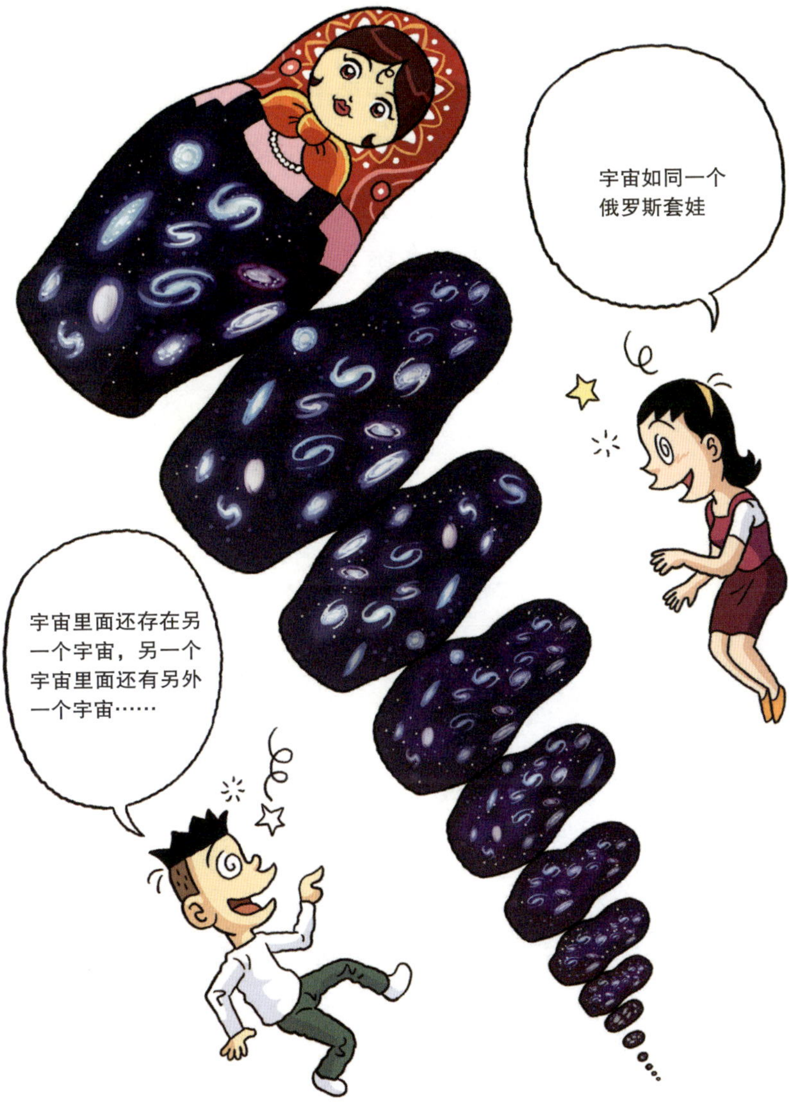
宇宙如同一个
俄罗斯套娃
宇宙里面还存在另
一个宇宙，另一个
宇宙里面还有另外
一个宇宙……

的人却无法相信这一事实。

人类在生命的起源地和文明的藩篱内，对世界的认识难免有局限。所以我们在大历史的最后一章探索宇宙的命运，以便把我们带出认识的极限，更加接近真理。如此我们才能在无法预测的未来，不会被阴影笼罩，做出违背常理的选择。总而言之，谈论人类未来和宇宙的终结是一次探寻梦想的真相、探索宇宙真理之光的旅行。

从大历史的观点看“人类的未来和宇宙的结局”

大历史是30多年前历史学家大卫·克里斯蒂安提出的一个概念。以前历史学、物理学、政治学、人类学、生命科学、伦理学等各领域的专家按照各自的方法和概念来分析自然和社会现象，而大历史则相当于把这些专家聚到一张桌子旁，慢慢享用着茶点，共同探讨。

大历史系列图书和普通历史教科书相比，最大的区别在第一章和最后一章。翻开各国历史教科书，大部分都是从一块一头被磨得锋利的石头讲起。这类石头就是从各个地区挖掘出来的旧石器遗物，展示了古人如何狩猎和采集，当然古人也用这种石头挖着吃狮子或鬣狗吃剩的骨头中的骨髓。这种历史教科书在最后一章会简单介绍一下最近发生的主要事件，并大致描述一下未来。

相反，大历史的第一章从宇宙大爆炸讲起，最后一章讲述宇宙最终走向何处。虽然我们讲宇宙的终结，但并没有必要担心。因为宇宙的寿命有 100 万亿年，如果把宇宙比喻成一个人，宇宙现在刚出生 4 天而已。重要的不是这些故事的结局，而是大历史通过提问题讲述历史的方式。世界是如何形成的？宇宙是如何诞生的？生命是什么？人类是什么时候出现的？我们享受的文明是如何形成的？这些不易回答的问题又归结到“我是谁”这个自我起源的问题上。

大历史通过 20 个问题，提供了各种找寻自我根源的视角。不是单纯跟踪我曾留下的痕迹，而是寻找出我和世界、宇宙是如何被连接起来的。在巨大的连接环中，在我面前叽叽喳喳的麻雀和鼻尖掠过的一丝风，都像被阿里阿德涅的线联系起来一样。

不知大家有没有拼过巨大的拼图，再大、再复杂的拼图，只要把细小的拼图碎块放入原位即可。在寻找拼图碎块位置的过程中，会在某个时刻发现一定的模式。而一旦发现了模式，便可以很快找出很多碎块的位置。大历史也是如此。从 137 亿年前的大爆炸到人类出现，发生了许多重要的变化，导致了历史转折点的出现。

大历史中列举了十大转折点，但并不是单纯地按照时间顺序进行罗列，各个转折点之间相互重叠，在很多方面造成了持续性的影响。宇宙诞生后生成的元素变成了我们身体中的钙和铁、能让水果成熟的太阳。数千亿颗恒星结束了自己的一生，成为另一颗恒星的种子。在这一过程中，无数的偶然和必然相互交织，生命诞生了。在变异和适应这一生命原理的作用下，伴随着性的诞生，分化并进化出种类繁多的生命体。最终，在长达 38 亿年的生命之树的枝丫上出现了人类的身影。人类从灵长类这支枝丫上走下来，用双脚行走，刀耕火种，形成社会网络，建立了大规模合作体系。人类通过发挥想象力和科学技术推动了工业化进程，通过集体学习积累了大量的文化，丰富了艺术和知识，促进了文明发展。人类利用地球这一生命摇篮中很大一部分能量，成为对生态系统具有巨大影响力的物种。就像念了《一千零一夜》中“芝麻开门”的咒语一样，人类世开始了。

大历史生动地展现了人类错综复杂的发展历程，从而告诉我们：所有人都相互影响，相互作用，有着密切联系。

在大历史的结尾，我们探讨了世界的“结局”。书中既不对人类未来抱有单纯的幻想，也不用绝望或悲观的态度看待人类未来。本书从多个角度追踪了人类发展的历程，观察人类的生活能否持续下去，并通过回顾地球上几次物种灭绝的过程，预测人类能否成功克服即将面临的灭绝危机。

在过去的100多年间，地球温度上升了0.74摄氏度。有人发出警告说，如果平均气温上升3摄氏度，地球上50%以上的生命就会灭绝，许多沿海城市也将被水淹没。尽管如此，人类的能源消耗量仍在不断地增加。此外，能量消耗以不平衡的方式激增，使得地球维持了数十亿年的平衡被渐渐打破了。

在生命工程领域，人类试图通过基因编辑技术，从根本上解决能源和粮食问题，但由于政治层面的分配过程出现的问题，该技术正进一步扩大贫富差距。就像赫胥黎的《美丽新世界》中描绘的那样，基因技术可以在同一个物种中创造出天生的能力差距，阶级分化和歧视变得更加普遍。也许在不久的将来，宪法和《世界人权宣言》中有关人人平等的条款将会消失。

近年来，人工智能和机器人工程的发展速度惊人。机器人比人类更加聪明，正以卓越的工作效率取代那些从事专门职业的工作人员。智能系统驱动人类社会的第四次工业革命已经开始了。虽然第四次工业革命也会创造出新的工作岗位，但是那些无法适应最新知识和技术的人未来并不乐观。如果人工智能进一步发展，拥有了自我意识，可以解决人类无法解决的诸多问题，很有可能会把人类排挤出去，成为一个新物种。

我们在这本书中对文明的发展阶段进行了考察。据卡尔达肖夫和卡尔·萨根的分类，人类文明仅处在0阶段或0.7阶段，但这足以使全球变暖、环境污染、各种疾病等摧毁文明的危险因素急剧增加。生物工程或人工智能等尖端科学技术能成为解决所有问题的万能药吗？我们正在探寻文明会如何没落，物种将如何消失，宇宙会如何终结。

此时此刻，我们不能像复活节岛的居民那样，面临问题时仍不停地修建石像，而是需要拥有与自然共存的智慧。为了长久的发展，抛弃眼前利益，这无疑是一个艰难的决定，也许会让本书的读者感到一丝沉重，但人类在漫长的生命史中存活下来，比任何物种都要聪明，可以发挥潜能找出希望。

从137亿年前的宇宙大爆炸到现在，一切事物之间都有着多方面的联系。大历史向读者揭示，一切事物的多样性、复杂性、相互关联性正在急剧增加，历史研究迎来了新的局面。我们可以通过回顾历史创造出更加适宜人类生活的美好未来。大历史郑重地告诉人类：现在应该认真地反省一下人类需要什么，怎么才能得到，从而让第十一个转折点早日到来。

2017年3月
姜方植　姜贤植